CCG | 中国与全球化智库 | 丛书

CCG主席　龙永图　陈启宗

CCG副主席（按姓氏音序排列）
曹德旺　韩小红　李　山　李彦宏　刘永好　莫天全
沈南鹏　田溯宁　汪潮涌　王　石　王广发　王辉耀
王俊峰　徐小平　俞敏洪　张　磊　张红力　张懿宸
宗庆后

CCG理事长　王辉耀

CCG常务理事（按姓氏音序排列）
陈　宁　陈　爽　陈新华　高燕定　高振东　戈　峻
郭　盛　何　梅　焦　涌　李　雷　李　铭　李　文
李　一　梁志祥　林　耀　路　东　陆侨治　陆兴东
毛大庆　潘　军　孙立哲　陶景洲　王　丽　王　强
王柏年　王伯庆　王伟东　王伟峰　吴云前　徐　涛
严望佳　易　珉　游忠惠　袁锦程　张剑炜　张黎刚
张亚勤　赵　斌　赵柏松　郑群怡　周成刚　朱　敏
宗馥莉　邹亨瑞

CCG智库文库丛书

世界这么大，我们创业吧

50位知名创业家谈创业

苗绿 王辉耀◎主编

中央编译出版社
Central Compilation & Translation Press

| 序 |
FORWORD

"创时代",谁是创业英雄?

> "不同时代有不同时代的英雄,创业创新者就是今天这个时代的英雄。"
>
> ——国务院总理李克强

改革开放以来,我国共出现了三次创业大潮,给中国带来日新月异的改变:20世纪80年代初,乡镇企业兴起推动了中国的大发展;90年代初,邓小平南巡后,公务员精英们下海造就了中国经济的第二次大发展;21世纪初,海归回国创业又掀起了中国的互联网大潮。现在,第四次创业浪潮来临,以"互联网+"为特点的创业之势将再一次给中国带来不可估量的变化。

"前20年是互联网技术的大发展,未来30年是互联网融入社会的时代,这30年才真正蕴含着创业的巨大机会。"2015年,马云如是说。纵观历史,这是创业最好的时代。"创业热"顺应国家经济

序 FORWORD

转型的大势所趋，承担打造全新新经济的历史使命。早在 2014 年，李克强总理就表示："要破除一切束缚发展的体制机制障碍，让每个有创业意愿的人都有自主创业空间，让创新创造的血液在全社会自由流动，让自主发展精神蔚然成风，借改革创新的东风，在 960 万平方公里的大地上掀起一个大众创业、草根创业的新浪潮。"

今天，政府的鼓励、政策的放开、公司法的修订、多项行政审批的取消……一系列措施大力降低了创业的门槛；资本市场也一片活跃，充足的创投资金、从天使到 VC、到 PE，丰富的投资类型促使创业者大展拳脚；创业孵化器也不断涌现，让创业者如虎添翼，降低创业成本，并获得各类指导。对此，真格基金联合创始人、著名天使投资人徐小平由衷地感慨："这真是（创业者）无与伦比的美好时代！"小米创始人雷军也摇旗呐喊："这两年是创业者的黄金年代"。

"85 后"和"90 后"被推向时代的前沿。他们是随着互联网大潮出生或成长的一代人，是被寄予创新创业厚望的主力军。他们比前一代人更幸运，国家为他们的选择"点赞"，互联网技术的发展为他们的创业奠定基础，与此同时中国庞大的人口也意味着广阔的市场。他们正值青春年华，渴望自我实现，追求个人理想，相信能够在这次创业大潮中完成自身的独特使命，实现对当下生活的改造或颠覆，真正地诞生"中国式创新"。

时代和年轻人之间来了一次相互成就。在中国的"创时代"下，创业者忙得热火朝天，新商业变革如火如荼。2015 年，《从 0 到 1》的作者彼得·蒂尔到访中国，认为北京的创业气氛已遥遥领先于世界其他国家，仅次于硅谷。《华盛顿邮报》则称："中国新一代年轻人的创业，才是中国未来的真正优势所在。"日本《外交学者》杂志则指出，创业的企业家可能会成为中国经济的下一个增长引擎。

在这样的创业大潮下，中国与全球化智库（CCG）作为长期从事人才研究和创新创业研究的国际化智库，也在不断研究总结：创业成功的因素何在？创业家们都有哪些特质？他们的哪些经验和教训值得借鉴？自2008年成立以来，CCG一直重视人才研究、关注精英人才成长路径，通过采访、书面约稿和平素接触等各种方式，致力于探析企业家群体的创业精神，积累了大量实例和实证研究，结集出版了多本著作，广受好评。在当前的"双创"形势下，CCG继续发挥智库的研究专长，分析创业案例，总结创业精英们的成功之道，以飨年轻的创业者们。

本书收录的创业家，包括大家耳熟能详的李彦宏、莫天全、沈南鹏、汪潮涌、徐小平、俞敏洪、张磊、王强、毛大庆等，CCG对他们进行了多年的跟踪研究。在编写本书时，除了参考过往的研究成果，为了向读者提供最新鲜的观点和内容，又通过个案研究法，对多位创业者进行实地面谈和现场采访，了解其创业理念、创业经验和对当前形势的判断等，希冀能给读者以启发。

本书所选取的创业家个性鲜明，涉及老、中、青三代，他们或年少得志，或大器晚成；在教育背景上，有名校翘楚，也有民间奇才；在创业角色上，涵盖创始人、投资人、运营者等多方角色。然而，虽然看起来千差万别，但这群创业者都是既"在云端"又"接地气"，他们是互联网领域的先行者，对互联网积累了多年的深邃思考，契合如今"互联网+"的创业趋势，又长期奋斗在创业前线，身经百战，有着丰富的实践经验。

为了全书内容的丰富性和完整性，我们也收录了创业者们公开发表的观点，尽量做到原话引用，避免转述误差。期望读者能从优

序 FORWORD

秀的创业前辈那里汲取营养,学习他们敏锐的眼光、优秀的运营能力,尤其是他们卓越的自我管理能力。从本书中可以看出,成事先成人,优良的品行、超强的耐压性和抗打击能力,对创业的成功举足轻重。

对于创业,想说的太多,能说的太少。总之,这是属于创业者的时代,我们鼓励每位不甘平庸、心怀理想的青年顺势而为,扬帆弄潮。

中国与全球化智库创始人

王辉耀　苗　绿

2015 年 11 月

| 卷首语 |
FORWORD

创业，开启不一样的人生

你为什么创业？创业到底意味着什么？

这世界不缺成功故事和励志传奇，创业似乎成为一条通往财富巅峰最好的路径，你被这样的图景所鼓舞，因此蠢蠢欲动？又或者，"大众创新万众创业"炙手可热，创业几乎成了一次全民运动，你为这样的潮流而心动，所以跃跃欲试？也许，本书要给你泼冷水，它告诉你创业不是请客吃饭和喊口号，而是要真枪实弹，实地对决。

也许你经过深思熟虑和自我评估，发现创业是你发自内心的选择。你充满了激情和想法，却不知怎样落地？你想知道在创业这条路上你会遇到什么，如何一步一步把企业做大，又不知该如何选择和决策？你渴望听到亲历者的思考和总结，却不知道从哪里获得系统性的建议？这时，你可以翻开这本书，里面囊括了一个大舞台：创业大佬们纷纷登场，亲身指导，为你拨冗就简，指点迷津。

这些大佬们是业界最卓越的创业精英，他们与你无所不谈：从创业方向的选择到商业模式的确立，从找合伙人到找钱，从做产品

到管团队，涉及创业的多个重要方面。之后，我们又奉上"创业知识汇"，对创业涉及的知识点来一次扫盲，提供创业干货。

不过，我们也提醒你，创业是九死一生的选择，个中艰难险阻，创业大佬们深有体会。这么说不是为了煞风景，而是希望大家能意识到创业风险的存在，对失败做好心理准备。在创业道路上，我们绝不以一时成败论英雄，创业过程中的失败和挫折司空见惯，能不能爬起来再走下去才是关键，"剩者"方有为王的资格。

也许你会感叹，"纸上得来终觉浅"，听了很多道理，还是没有底气。的确，创业是一条要靠自己走出来的路，不能依靠模仿和想象，前人和大道理仅作参考，最终仍需创业者本人去判断、辨别和执行。因此，我们提示创业者们，在你独一无二的创业路上，沉淀出自己的观察和思考。

总之，选择创业，就像选择了一条通向远方的道路。创业没有终点，而是始终在路上。周围环境在改变，风向在改变，潮流也在改变，你从此踏上一条充满自我挑战的征程，它让强者愈强，也让你领略到无限风光在险峰。

世界这么大,我们创业吧

目 录

世界这么大，我们创业吧
目录

前言 创业成功，什么因素最重要？ //001

PART 1　创始人说

选择方向

搜房网创始人	莫天全：创业路上要先行、专注和绝对领先 /007
百度创始人	李彦宏：人一定要做自己喜欢并擅长的事 /011
网易公司创始人	丁　磊：创业的内驱力是自由、热爱和兴趣 /015
小米科技创始人	雷　军：想做能飞的猪，找对风口很重要 /018
创新工场创始人	李开复：创业要拼执行力 /021
麦可思公司创始人	王伯庆：创造出国家需要的创业方向 /024
新东方创始人、洪泰基金创始人	俞敏洪：创业要有服务社会的价值观和踏实的目标 /027
瑞尔齿科创始人	邹其芳：创业眼光要放长远，不要急功近利 /030

商业模式

爱康国宾创始人	张黎刚：	创业最痛苦的是寻找商业模式 /033
"我爱卡"创始人	涂志云：	根据市场选择商业模式 /036
乐视创始人	贾跃亭：	99%的人不看好的事情，才有可能成就颠覆 /039
搜狗创始人	王小川：	敢于独闯商业模式，不遗余力地创新 /042
奇虎360创始人	周鸿祎：	羊毛出在猪身上 /045

找合伙人

新东方联合创始人 真格基金联合创始人	徐小平：	创业合伙人比商业模式更重要 /049
优客工场创始人	毛大庆：	"和而不同"的人最适合做合伙人 /053
优酷创始人	古永锵：	和喜欢的人做喜欢的事 /056
美图秀秀董事长	蔡文胜：	移动互联网创业更需要合伙人 /059
人人猎头创始人	王雨豪：	创业的合伙人时代来临 /062

创业知识汇

- "互联网+"，是什么？ /065
- 时尚时尚最时尚的互联网思维，又是什么？ /068
- 对于互联网思维，他们也这么看 /070
- 众筹模式是何神物？ /071

- 合伙人制度，你真的了解吗？ /073
- 那些"名垂史册"的合伙人 /074
- 这些方面，创业时还要注意 /076

 投资人说

找钱

红杉中国基金创始人	沈南鹏：创业者要有企业家精神和反木桶思维 /078
晨兴中国 TMT 基金	刘 芹：创业者要具备杀手气质和传教士能力 /081
北极光风险投资公司创始人	邓 锋：投资要看创始人的学习能力和价值观 /084
信中利国际控股有限公司创始人	汪潮涌：我们要求创始人和团队要具备 4P /087
IDG 全球常务副总裁兼亚洲区总裁	熊晓鸽：移动互联网时代 90 后创业大有优势 /090
软银亚洲信息基础投资基金 CEO	阎 焱：投资人和创业者不一定是朋友 /093
高瓴资本集团创始人	张 磊：寻找具有伟大格局观的坚定实践者 /096
赛伯乐创始人	朱 敏：天使也会看走眼，创业者要懂得坚持和聪明转弯 /099

创业知识汇

- 创业的不同阶段，选择不同的投资形式来呵护成长 /102
- 哪一类才是"情投意合"的投资人？ /104
- 面对投资人，创始人如何与之谈笑风生？ /105
- 创业者与投资人的关系，他们这么说 /105

PART 3　运营人说

产品与用户体验

腾讯副总裁、微信创始人	张小龙：简单方便就是美 /108
陌陌科技 CEO	唐　岩：在产品、科技和人性之间找关联和平衡 /112
腾讯公司控股董事会主席兼 CEO	马化腾：产品打磨得好用一点，用户自然会体会到你的心意 /115
智联招聘 CEO、智联卓聘创始人	郭　盛：谁是老大不重要，用户才是上帝 /119
暴风科技创始人、董事长兼 CEO	冯　鑫：快速试错是一种误导 /123
小米科技联合创始人	黎万强：强化用户参与感"三三法则" /126

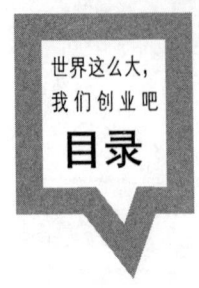

团队管理

滴滴打车总裁	柳　青：团队需要激发、激发、再激发 /129
京东创始人	刘强东：用四张表来管理75000人 /132
携程网创始人	梁建章：大公司变成小的创业公司更有创造力 /135
爱奇艺CEO	龚　宇：选人上人品、基本素质比经验更重要 /138
智蹼共创管理咨询创始人	李　文：用"混序"思想来创业和管理 /141

自我管理

58公司总裁兼CEO	姚劲波：未来创业机会多，坚持是很好的武器 /144
百年城董事长	吴云前：创业要坚持，要自知 /148
启明星辰创始人兼CEO	严望佳：创业者需要有文化的支撑 /151
真格基金联合创始人	王　强：创业者的心胸"只比宇宙大一点点" /154
金杜律师事务所创始人	王俊峰：创业始终在路上 /157
奢侈品服务平台寺库创始人	李日学：创业者要坚持做自己的赛道 /160
猎豹移动公司CEO	傅　盛：CEO要把创业情怀变成具体问题 /163
聚美优品创始人	陈　欧：创业者的热情和判断能力必不可少 /167
果壳网创始人	姬十三：我不希望成为精神领袖 /171

VI

> 创业知识汇

- CP2C 与 C2B2C /174
- 关注感受的体验式营销 /175
- 痛并快乐着的痛点营销 /176
- "分封诸侯"打江山的内部创业 /178
- 初创公司,更需要扁平化管理模式 /180
- 初创公司,别说企业文化与你无关 /181

 **PART 4 亲历者说**

走出挫败

零点研究咨询集团董事长、飞马旅创始人	袁 岳:	失败了还愿意坚持,离成功就不远了 /183
美团创始人兼 CEO	王 兴:	创业就像坐过山车,今天是低谷,明天可能就上升 /186
万国集团董事长	孙立哲:	不抱怨,要弄潮 /189
北京慈铭健康体检连锁机构总裁	韩小红:	利他就是利己,要敢于迎接挑战 /192
大姨吗创始人	柴 可:	不怕挫败的才是创业者 /195

VII

创业知识汇

↘ 选择创业，可能你选择了一条九死一生的路　/198

↘ 创业遭到挫败，可能与这些因素有关　/198

↘ 对创业失败，他们这么说　/200

↘ 对创业心态，他们这么说　/202

参考文献 /205

后记 //221

| 前言 |

INTRODUCTION

创业成功,什么因素最重要?

在本书的编写过程中,中国与全球化智库(CCG)的创业研究小组作了一项调查,采访了 21 位创业者,询问他们心中创业成功最重要的三个因素是什么,旨在厘清答案,给年轻的创业者们以启发。

中国与全球化智库(CCG)创业研究课题组

◎ **43%** 的受访者认为创业者的"人品和个人能力"很重要

在人品上,对创业者的要求并没有什么特殊性,与各行各业一样,创业也需要靠谱的人,需要创业者为人诚信,做事踏实,建立个人的信誉。毛大庆甚至更上一层楼,提到了创业者的格局:"好的创业者要有格局意识,你看马云、张瑞敏、柳传志这些成功的创业者,哪个不是有困难的时候自己先上,有利益的时候自己最后才享用?这些人在心中都有一种大格局,不拘泥于眼前一点小利。要是一个人没有这种格局意识,那么在创业过程中就会被逐渐淘汰。"

在能力上,创业者要具备优秀的学习能力、创新能力,培养自己的领导力。市场和环境一直在变化,创始人要时刻准备着接受新知识、面对新局面,不断去经营和挑战自己,在创业过程中通过自我成长来使得企业不断发展壮大。创业者也要提高自己的领导力,带领团队齐心协力做事,共同奋斗。

◎ **38%** 的受访者重视"市场和时机"

时势造英雄,对于想干一番大事业的人来说,识时务是必要的素质。因此,在创业时了解市场、环境、大势和大方向,对创业者至关重要,王俊峰用"天时地利"来形容创业成功原因,郭盛甚至略显极端地谈道:"很多创业者能成功,我认为运气占相当比重,但很少有人愿意承认这点。他认为是自己的洞察力好,赶在了行业前面。实事求是地讲,大多数情况是运气好过远见,所以我认为运气非常重要。"

因此,对于年轻的创业者而言,要想创业成功,找到市场、顺应需求、了解客户,这是重中之重,两耳不闻窗外事,只顾自己埋头做事,必然经不起市场的考验。黄晓庆指出:"有很多人在创业初期埋头开发自己的产品,但从未想过要卖给什么人——创业要从需求出发,先明确这一点,再去做其他细枝末节的事情,万不可以本末倒置。"

◎ **33%** 的受访者强调"团队和合伙人"的重要性

创业不是一个人的事,是一个团队的事,特别是现在的高科技产业,单靠创业者个人很难做成事,而是需要有不同专业的人共同合作，例如分管市场、经营和管理等。一个志同道合、经过了良好磨合的团队、朝着一个方向努力并善于执行的团队，是创业成功的保证；反之，团队的内讧、矛盾，甚至分裂散伙，都会损害企业的发展，甚至有的团队成员闹掰了之后选择与创业者做同样的事情来竞争，可能将会给创业者带来一场灾难。对此，陈宁提及"对于创业成功，团队太重要了，从感性上说，我的答案是'团队，团队，还是团队'"。

◎ **33%** 的受访者提到要"坚持和专注"

创业可能是一条"剩者为王"的路，路上一波三折，问题和困难层出不穷，且往往出于创业者想象和意料之外，这时候尤其需要创业者坚持，要一根筋走到底。王俊峰谈道："坚持很重要。做事情不容易，要坚持坚持再坚持，不一定会成功，起码不会出太大的问题。这就像挖坑，可能没挖到这个宝贝，但可以挖出另一个来，但要是挖两下就走了，可能就不太靠谱了。"

坚持不仅仅意味着不抛弃不放弃，还要专注，对有的创业者来说，最忌讳的不是没有选择，恰恰是选择太多，什么都想做之后反而导致创业失败，邹其芳谈道："创业时会发现，机会太多太多，看起来都是机会，但是不是都是你的未必好说，所以需要专注。专注很重要，特别是对创业企业来说，在路程上诱惑太多，所以要专注，要做减法，别做加法。"

他们还谈到要接受失败——创业一开始就成功可谓凤毛麟角，尤其对于年轻的创业者而言。创业失败并不可怕，可贵的是总结经验、持续学习和坚持下去，创业是一辈子的事情，急功近利是不可取的创业态度。

◎ **29%** 的受访者认为创业者要做好"自我评估"

创业原则上是每个人都可以选择的,但不是每个人都适合的。做好自我评估,全面分析自己的个性、目标、规划、经验、阅历、资源等,是创业成功必要的准备工作。事实上,创业就是通过一场自我评估和自我认知,来找到最适合自己做的事情,根据自己的优势、特色和核心竞争力,来找到方向,搭建团队,一起奔向远方。

◎ **24%** 的受访者强调"产品和用户体验"

创业公司为市场和客户提供的是产品,因此产品受到欢迎对创业成功自然就非常重要,李海峰谈道:"一个优秀的公司不断地向世界输出优秀的产品,越伟大的公司解决的问题越多、越具体,所以产品很重要。创业要想成功,要看你的产品能解决客户的什么问题,能为客户创造什么价值。"

◎ **24%** 的受访者强调"兴趣导向"

兴趣是最深层的动力,也是创业者遇到困难时坚持下来的最强大的力量,基于个人兴趣的创业才是最有爆发力的,也是最持久的。毛大庆谈道:"当你知道创业不为出名、不为逐利,而是一项需要持之以恒的事业,心里明确这样的想法后,才能端正创业的态度。"

◎ **19%** 的受访者重视"整合资源"

创业需要各方资源,考验创业者整合资源的能力,包括融资、市场、笼络人才等,徐小平说:"以饺子店为例子,你能不能找来几十个、上百个包饺子的,这就是资源;同样饺子店也需要外围资源,比如投资者、公关,假如宣传说你的饺子有毒,怎么办?这时候需要有外围的资源来协助。"

附:采访对象名录(按姓氏拼音顺序排列)

陈　宁	深圳云天励飞技术有限公司创始人兼 CEO
丁列明	浙江贝达药业有限公司董事长
郭　盛	智联招聘 CEO
韩小红	北京慈铭健康体检管理集团总裁
黄晓庆	深圳前海达闼科技有限公司 CEO
李　文	北京智蹼共创管理顾问有限公司创始人、董事长
李海峰	上海鼎翊企业管理有限公司董事长兼 CEO
陆侨治	浙江海牛环境科技有限公司董事长
陆兴东	国龙文产投资集团董事长兼总裁
毛大庆	优客工场创始人
涂志云	我爱卡信用宅创始人兼 CEO
王广发	北京法政集团董事长兼总裁
汪潮涌	信中利资本集团董事长
王俊峰	北京市金杜律师事务所管委会主席
王伟东	深圳达仁投资管理股份有限公司董事长
吴云前	百年城集团有限公司董事长
徐小平	真格基金创始人、新东方联合创始人
严望佳	北京启明星辰信息技术股份有限公司 CEO
尹学军	隔而固(青岛)振动控制有限公司总经理
朱伟卿	上海宝碳新能源环保科技有限公司创始人兼董事长
邹其芳	瑞尔国际有限公司董事长

PART 1 创始人说

选择方向

搜房网创始人莫天全：
创业路上要先行、专注和绝对领先

莫天全

商界精英莫天全有一项鲜为人知的爱好——习武。在他看来，从商和习武有着共通之处，就算日理万机，他也要坚持练习散打、太极。现在，他创办的搜房网已成为国内排名第一的房地产家居网络平台，但他的雄心还不止于此，他的最终目标是要在中国做一个与道琼斯、麦肯锡、安德信齐名的信息咨询机构，目前的成就还只是一个开始和切入点。

◎"'先行'，就是你一定要比其他人提早做事情。"

莫天全自认为是一个天生"创业者"，他喜欢新鲜事物，喜欢迎接挑战，坚信创业路上要比别人先行一步。

"如果说30%的人或意见认为可以做某一件事,包括你自己也这么认为,此时我们就可能非常认真地思考,赶紧采取行动,付诸实施。如果50%的人说这个事情可以做,我们还可能去做,但要更快地去做。如果60%甚至70%的人都说这个事情可以做,那时我们就不能再做了。简言之,我们一定要去做创新的东西、别人没做过的东西。这是把握机会的一个重要方面。"莫天全如是说。

从道琼斯回国后,他开始运营国内第一套房地产指数系统。当时,若只卖信息和数据库,很难做大一个公司,于是他抓住互联网兴起的机会,把公司业务嫁接到互联网平台上来,把传统公司转化成互联网公司,带领搜房网走上一条康庄大道。"我们一定要先行,即要有先发优势,我们的创业和运营队伍对此都有非常重要的体会。"

现在看来,莫天全当初无疑做了一个正确无比的决定,不过当时这个判断却蕴含了极大的风险。是时互联网出现尚不久,机会虽然大,但行业并不成熟,倒闭的互联网公司也不在少数。在当时的环境下,莫天全表现出胆量和远见,看准互联网的光明和宽广的未来,为公司的发展确立了正确的前进方向。

◎ "我们一辈子并不要做太多的事情,能做好一两件事情就好了。"

莫天全讲过,从毕业到工作创业,会有一个思想变化过程,刚开始觉得世界是我们的,后来发现世界不是我们的,仅仅有做大事的宽广胸怀是不够的,还需要踏实专注地去行动、去做事,实际上一辈子能做好一两件事情就已经很优秀了。"我们要专注才可以做好一件事情,如果整天只是出点子而不做事,就有可能一事无成。所以,我们要记住,在做事情的过程中一定要专注。"

结合自身的创业经历,莫天全认为搜房网的成功与秉持专注精神、扎根房地产市场密切相关。"我们有一句口号,叫'Everything Home Online',

即所有与'家'有关的行业我们都要涉足,包括现在搜房网上的装饰装修和建材领域,也是跟'家'相关的产业。"目前,随着环境变化,搜房网也有了一些转型,但莫天全强调:"转型始终没有离开原始的方向,虽然具体策略和方向一直在改变,但目标和中心却始终不变,围绕着家和房子,始终没有脱离最初的目标。"

莫天全认为,创业过程中最看重的是坚持早已认定的方向,忌讳新想法太多,经常改变主意和创业方向,摇摆不定,不断做出新选择,最后反而会一事无成,一无所获。"从1999年创办搜房到现在,总的方向和原来预计的差不多,我们一直坚持着自己的路子走下来。"事实上,莫天全也被媒体认为是国内互联网界里一直坚定不移的极少数人之一。

◎ "做事情要做到一定的地位,做绝对的领头羊。"

创业应以"在本领域内做到第一"为目标,因为"这个领域内,一个企业或一个网络媒体只能做老大,做老大很舒服,做老二则很辛苦,至于老三是基本不存在的"。莫天全甚至表示:"我们做事情要做到一定的地位,做企业要做到垄断。我们做绝对的领头羊,最好后面连羊都没有,所以要做到绝对的典型。我常常对公司里的同事说,你一定不要有竞争对手,一定不要让对手长大。你要做强,做到只有你一家。"

这听起来的确是一个豪情万丈的宣言,可以作为创业者的目标。不过,同样值得注意的是,成为领头羊仅是一个结果,做到这点需要持之以恒,需要坚持和耐力。莫天全认为自己能在创业路上走到今天,将搜房网做到业界第一,依靠的正是永不言弃的精神,这对很多人而言是很难做到的。"在早期创业、守业过程中,你会遇到意想不到的困难,没想过就此放弃,我们要永不言弃,这是我在工作和创业当中的一个深刻感受。"

 选择方向

莫天全 对创业的解释

创业还靠信念，果断选择，并加强执行力度，再根据发展，一步步加入相关产业，从点做成线，最后达到面的发展模式。

百度创始人**李彦宏**：
人一定要做自己喜欢并擅长的事

李彦宏

如果说马云有着逆袭的励志色彩，李彦宏则是十足的精英范：名校骄子、海归翘楚、商界领袖……甚至在注重颜值的社会里，他也毫不辜负地生得俊朗优雅、风度翩翩。他似乎是一个可以被神化的完美偶像，不过，追溯他的创业历程、聆听他对创业者的告诫时，仍可以用一句网络语言来表述：他不过是一直安静地走在自己认定的路上、专注做自己事情的美男子。

◎ "一定要有向前看两年的眼光，跟风、赶潮流，你吃到的很可能只是残羹冷炙。"

面对创业者，李彦宏的告诫是沉住气，向前看两年。2000年他创建百度时，美国IT界最火的是电子商务，他没有随大流，而是选择了网络搜索领域。选择源自他的预见：搜索将对网络世界产生巨大的影响。

外界对李彦宏的评价是"预言家"。如今炙手可热、无人不知的互联网思维，追本溯源，李彦宏可谓提出者。

2007年，李彦宏便提出用互联网来改造传统行业，2008年，他提出预想："5年后不会再有专门的互联网公司，所有公司都将用互联网做生意。"2011年，他指出："在中国，传统产业对于互联网的认识程度、接受程度和使用程度都很有限。在传统领域中都存在一个现象，就是他们'没有互联网的思维'。"在大多数媒体看来，这是中国企业家第一次在正式场合提到"互联网思维"一词。2014年，李彦宏又强调了互联网思维："中国很多行业

用互联网思维方式再做一遍，会比美国传统行业的做法更先进、更有效、更对消费者有利、更对社会的进步有利。"

因此，著名经济学家张维迎将李彦宏视为与盖茨、乔布斯并列的"制度企业家"，与按订单生产的制造商和发现、满足需求的企业家相比，他们能先于市场识别出潜在需求，创造产业。从这个角度来看，李彦宏在创业过程中向前看的，何止是两年！

◎"一定要有培养判断力的意识，养成独立判断的能力会是你一辈子享用不尽的财富。"

李彦宏的惊人洞察力与他的独立判断能力密切相关，他提到"无论做什么事情，我都要有自己的理由，要相信自己的判断"，他认为"一个人最重要的能力是判断力"。外界对李彦宏的普遍评价是"睿智"、"专注"和"冷静"。

在北大求学期间，李彦宏接触到不同的人、不同的思维方式，"这让我逐渐形成不轻信、不跟风的思维方式。在我未来人生道路的选择上，北大四年让我具备了独立思考的能力"。留学美国时，李彦宏开始思考人生之路，他发现比起抽象的理论研究，自己更希望做实事，于是选择离开学校，开始工作。

在创立百度后，他运用独立思考和判断能力，成功地应对了强敌Google的挑战。Google有着硅谷最优秀的工程师，进入中国后曾使百度的工程师感到自卑。当时，李彦宏从CEO的位置下来做项目经理，冷静分析百度的长处，通过百度贴吧的推出及一系列措施，最终使百度成为更容易搜索中文信息的引擎，并牢牢占据了市场地位。

在跟大学生的交流中，李彦宏屡屡提到独立思考和判断的重要性："在大学四年的时间里，很重要的一点是要形成独立思考的能力。在大学里，你能够见识更多优秀的人、听到不同的声音，所以在这个过程中，更重要的是培养起自己的独立思想，知道自己要成为什么样的人。"

◎ **"从人生的发展历程来讲，首先要找到什么才是真正能让你兴奋并让你为之奋斗很多年的东西。"**

在外界看来，李彦宏获得了极大的成功，但他认为不过是在做想做的事情。他谈道："很多人觉得我的道路比较顺，一步一步好像都是事先计划好的一样，可以算是走了直线。但是我觉得归根到底的原因还是人一定要做自己喜欢并擅长的事。"

谈起为何选择回国创业时，李彦宏说："我相信那时的中国需要搜索技术，中国网民也应该像美国人一样便捷地、平等地找到网上的信息，我能够帮助他们做得更好。"后来，百度一步步发展壮大，所持理念是"让中国人真正地能够很方便地获得信息"。李彦宏的人生目标是靠技术改变世界，"希望自己做的事能改变大多数人的生活方式，让足够多的人受益"。他也为这个时代感到振奋，"今天这个时代创新步伐飞快，我们不仅可以见证人类创新加速发展的过程，还可以在里面扮演适合的角色。所以，每每想起这些，我就会非常兴奋、非常激动"。

这种内在动力，与前述李彦宏一直保持的独立思考和判断有关，也使他在创业路上面对一次次艰险或诱惑时，仍然按照内心想法坚持走下去。2004年，李彦宏和母亲谈到，如果现在将百度卖出去，自己能成为亿万富翁，但是他不想卖，因为他不是为了钱而工作的。百度上市的前夜，Google曾希望收购和控股百度，但李彦宏没等对方出价就直接拒绝了，因为创业本身而不是物质报酬，才是他的内在动力所在。

 选择方向

李彦宏 的创业心态

当你遇到大的困难时,当你有很强大的阻力、强大的敌人或竞争对手时,是否还会坚持?当你面对很多诱惑时,是否会改变自己的想法?这些情况在人生成长过程中,每个人都会遇到。

网易公司创始人丁磊：
创业的内驱力是自由、热爱和兴趣

丁磊

丁磊是中国第一代互联网创业者，曾与张朝阳、王志东并称为"网络三剑客"。如今，昔日翩翩少年郎有了"丁三胖"之绰号，体态日益发福，笑容愈发憨厚，并兴致勃勃地当起了猪倌。据说，丁磊的办公室里摆了很多养猪的书，他还为自家的"丁家猪"感到自豪。回顾丁磊的创业历程，会发现"有趣"和"体验"对他来说非常重要。

◎ "创业内心真正的驱动力是什么？自由、热爱、兴趣。"

虽然一样拥有财富、名气等光环，但与李彦宏、张朝阳等互联网英雄相比，丁磊早期并没有一份完美的履历表，他更像邻家调皮的男孩，同宿舍那个不愿起床去上课的室友。高中时，丁磊曾因成绩倒数而被老师痛骂，后来他的成绩虽然慢慢上升，但也仅以比重点分数线高出一分的成绩去了成都电子科技大学。大学时代，丁磊对专业的兴趣并不大，大一还会乖乖地去上课，但大二起他就开始逃课，尤其不喜欢早起去听第一堂课。

然而，对于自己的兴趣爱好，丁磊却投入了持久的时间和精力。上高中的时候，丁磊加入了计算机兴趣小组。"当时培养起我的这样一种认识：计算机可以提高我们的工作效率，可以把工作从复杂变为简单。我读的大学是第一批学分制大学，让我可以更广泛地选择兴趣爱好。"在大学里，丁磊用心地钻研计算机知识，自豪地称计算机是"最牛B的学生"，并认为自己的计算机知识和技术超越全校师生。

丁磊早已感觉到计算机对人类的影响不会仅是一种计算或教学工具。果然，随着互联网的普及，丁磊成为互联网的第一批弄潮儿，在2003年成为中国首富。

当谈到创业动机时，丁磊反复提到，"创业内心真正的驱动力是什么？是自由、热爱和兴趣"。这三者是统一的，因为自由和兴趣都是做自己喜欢的事情。至于为什么创办网易公开课，他提到对中国教育的不满："很多人没有想象力，没有兴趣爱好，你就算成绩很好，如果没有兴趣爱好，你一样也是在这个社会上行尸走肉。你愿意专注于所喜欢的领域，也能成为了不起的人，一个对社会有贡献的人。"

◎ "成功的标准是你所研发和创造的产品能够让很多人感觉到满意，并因此获得成长和发展，或者说，在成功中，为用户创造价值才是最关键的。"

"如果说我信仰什么，那就是技术。"丁磊坦言，作为第一代互联网领袖，他被认为是当之无愧的技术派。分析丁磊为什么能走到今天、他的核心价值何在时，《互联网周刊》主编姜奇平认为：丁磊和苹果的乔布斯非常像，他们都是通过一个又一个新的产品，来维持企业的运转。不过，丁磊本人却谦虚很多，他认为自己的成功的确是"产品为王"的结果，能把一个产品做好就很了不起了。正如《基业长青》中所提出的，击败竞争对手的关键是创业者不断自问"如何自我改进，使明天做得比今天更好"，对此丁磊深信不疑。

在创业路上，年少成名又经历过大风大浪的丁磊追问："做CEO真正的追求是什么？"精神上的求索逐渐让他有了一个简单的答案："我的追求是和大家一起做一个很好的产品，给用户带来与众不同的体验。"有了这样的"道"，就可以理解网易的"术"了，网易自主研发游戏、关注新农业，而推出的有道词典、网易公开课、网易云音乐、易信等产品，同样带有"丁磊"式烙印与格调。

与业界巨头百度、阿里巴巴、腾讯等比起来，更能看出丁磊的兴趣不在宏大叙事和平台战略，而只对与内容相关的产品感兴趣，把关注点放在用户体验上。丁磊相信只要把用户体验做得足够好，就有赶超的机会，因此他对产品的细节兴致勃勃，乐此不疲。网易的员工曾提到，丁磊经常会问到某个产品的用户量，却从来不问该产品有没有为公司赚到钱。"丁磊骨子里喜欢小而美的生意，他做很多东西，都不是说先搭多大的架子，而是先考虑做用户喜欢的事情。"

在丁磊看来，创业的目的和创业的过程不是为了挣更多的钱，而是为了创造一个好的产品，为消费者带来价值。"成功的标准是你所研发和创造的产品能够让很多人感觉到满意，因此获得成长和发展，或者说——成功，为用户创造价值才是最关键的！"

丁磊 的创业告诫

创业不要把欲望当成理想，建议年轻人创造创新不要太过于功利，动机要纯，做事要专注，要不断充实自己。

小米科技创始人雷军:
想做能飞的猪,找对风口很重要

雷军

1998年,雷军升任金山总经理。在他带领金山5次冲击IPO,试图将其转型成为一家多元化软件公司的过程中,互联网风潮席卷中国,百度、阿里、腾讯纷纷抢占先机。2007年,金山终于成功上市,然而今天看来,它的市值与百度、阿里相比相去甚远。事实上,雷军担任金山老总时,李彦宏只是一名工程师,马云还在到处碰壁,马化腾的"腾讯"刚刚成立;更有趣的是,2000年马化腾曾找到金山,希望金山收购QQ,可惜雷军错失良机。

别人做互联网的时候,雷军继续做软件,最后软件业整体不行了,他已错过互联网发展的黄金时期,惨痛的教训让他陷入痛苦而纠结的反思。

◎ "顺势而为,看起来不够有情怀,却是成功的真谛。"

40岁那年,雷军突然醍醐灌顶:"人是不能推着石头往山上走的,这样会很累,而且会被山上随时滚落的石头给打下去。要做的是,先爬到山顶,随便踢块石头下去。"而在金山的日子就是推石头上山的时候,"同事们非常勤勉努力,而且聚集了一群最聪明的工程师。但这家创立了16年的高科技公司,却整整花了8年时间才完成上市"。纵观金山的发展历程,一边有微软的竞争,一边有盗版的冲击,始终走得比较辛苦。

所以,创业不能与势相悖,一定要顺势而为,在对的时候做对的事情,把运气变为可控的要素!

2011年,雷军和许达来创立了顺为资本,旨在"通过资本和经验的帮助,与创业者共同创造受人尊敬的伟大企业"!"顺为"二字,即得名于雷军的顿悟。他的理解是:"做任何事情要顺势而为,不要强求,不要蛮干。顺势而为,当时代的产业机会来临的时候,浪潮会把你推到最前沿,这个浪潮所具备的力量比你自身的力量多很多倍。"

◎ "站在台风口,一只猪都能飞起来。"

这是雷军在很多场合反复谈到的"飞猪理论"。他提醒创业者要顺势而为:"我只要一认命、一顺势,我就发现风生水起。原来不认命的时候老干逆天而为的事情,那叫'轴'。"

那什么是命呢?雷军又给出自己的解读——"所谓命,就是在合适的时间做合适的事。创业者需要花大量时间去思考,如何找到能够让猪飞起来的台风口,只要在台风口,稍微长一个小的翅膀,就能飞得更高。"

怎么找到命?又如何顺势而为?雷军的经验是"看五年、想三年、认认真真做好一两年"。他在演讲中解释道:"在十年前,我可以很轻松地回答你:看五年,去美国;想三年,去台湾;认认真真干好一两年,看看大家都是怎么干的就行了。接下来,我就开始想,五年后什么东西会发生,谁会是五年后的百度、五年后的腾讯、五年后的阿里巴巴?"

在国内智能手机更新换代浪潮来袭之时,雷军相信"这其中的机会大得惊人",所以"尝试用互联网的方式去做电子消费",于是二次创业,创办了小米科技,这让他成为一只越飞越高的"功夫猪"。谈到小米的成功,雷军说:"我认为最最重要的是,我们遇到了一个台风口,这个台风口就是一头猪都能飞得起来的台风口。"

◎ "任何人成功,在任何的领域都需要一万个小时的苦练。"

"飞猪理论"鼓舞了无数创业者,也让雷军遭到"机会主义者"的批评。

 选择方向

在雷军看来，大家对他说这句话的背景可能不太熟悉。2015年6月3日，在SOHO中国主办的新一期"潘谈会"上，他终于有机会进一步解释自己的"飞猪理论"。

"我觉得第一点的话，任何人成功，在任何的领域都需要一万个小时的苦练，都需要苦练一万个小时。如果没有基本功谈飞猪那真的是机会主义者，没有任何一个成功者不经过一万小时的苦练能够成功的。所以，大家千万不要忽略今天在空中飞的那些猪，他们都不只练了一万个小时，可能练了十万个小时以上，这就是被大家忽略的前提。"雷军以自身为例，他坦言自己在职业生涯的前二十年"失败比比皆是"，在用了十年时间思考互联网的本质以后，才创办起小米并获得成功。

"第二个，飞猪的最关键问题是什么呢？是有很多勤学苦练的人只顾得上埋头拉车，顾不上抬头看路，当我们很羡慕成功者的时候，千万别忘了他们只是一头猪而已，包括我雷军在内，小米不管多火，我们就是在空中飞的猪，没什么，赶上这一拨了。如果大家真的有这样的态度，你有良好的积累，应该花足够的时间研究风向、研究风口，这样你成功的概率要大很多。"

雷军坚信，移动互联网时代的机会一定比互联网时代更大，创业者想成为"会飞的猪"，就要花足够的时间研究风向和风口，在对的时间做对的事情。

 创业家有话说

雷军 的"飞猪理论"

"我其实想表达两层的意思：第一，没有坚实的基本功，没有勤奋是成功不了的；第二，有了勤奋，有了坚实的基础也不一定能成功。还需要什么呢？还需要台风口。还需要把握大的发展机遇，把这个机遇把握好，抓住这个机会，你才有机会成功。"

创新工场创始人李开复：
创业要拼执行力

李开复

李开复在互联网巨头公司工作多年，却认为自己并不适合创业，而更适合做职业经理人或创业导师。他曾经给予青年一代很多有用的指导，是当之无愧的人生导师。他有着丰富的业界经验，对互联网大趋势更有深刻的洞察和把握，指导起青年创业来更是振聋发聩，四两拨千斤。

◎"全世界没有一个创业家是靠空想成功的，点子若只是拍脑袋想出来的，那几乎没有价值。谁会胜出，还要看谁能满足市场需求、快速执行。"

"点子一点都不值钱。你的点子若只是拍脑袋想出来的，那几乎没有价值"，李开复一针见血地指出。在他看来，创业需要执行力，不仅仅是拍脑袋想主意或闭门造车。创业需要真正脚踏实地地去做，Facebook和QQ都不是拍脑袋做出来的，"你真的动手去做，去看看这个产品和技术，它的可实践程度有多高，在这样的基础上，你说的话才会有人相信，而不是拍脑袋拍出来的"。

然而，许多创业者依然是想的多做的少，对创意和想法并未经过认真思考，也没有好好地检验。李开复曾举例："创新工场创立以来，碰到无数创业者，我几乎每天都会收到邮件，邮件里说自己有一个很棒的创意，'只要给我两分钟我就可以说服你'，甚至有些人就开始解释。但当你去深度地问他这个问题时，100个里有99个是回答不上你的问题的。"

 选择方向

大部分企业都在执行力上栽过跟头,其失败的原因并不是缺少好点子,而是缺少好的执行力。执行力是验证创始人点子的最佳方式,李开复说道,在没有拿到投资之前,"你需要自己掏腰包或者借钱来验证你的点子。从最小的地方开始,用最直接、低科技的方式去验证市场"。

◎ "聪明反被聪明误,就是特别聪明的人往往会有很多点子——点子太多了对创业好吗?其实是不好的。"

李开复语出惊人,认为太聪明的人并不适合创业:"聪明反被聪明误,特别聪明的人往往有很多点子,点子太多对创业并非好事。因为你作为一个老板,创业点子多了就完蛋了,如果每天进来一个新点子,什么都做,到最后什么都做不出来。"他并不反对聪明本身,而反对因不专注导致的执行力差,"如果你的智商是 120,有很棒的执行力,你会比一个智商 170 但执行力一般的人更佳,我们宁愿投资智商 120 的人。所以智商不见得需要特别地高,执行力远远更重要"。

"执行力就是说你愿意把这些事落实,使它发生,从工场、产品到事情的执行、客服。我们见到的大部分 CEO 都喜欢做客服,这就是执行力的一个最好见证。你有没有爱你的产品爱到上网去回答问题?这非常重要。"李开复举例说,当创始人谈到自己的产品时,脸上是有光的,他们才是真正认可自己的产品,并百分百地投入。

◎ "创业者不能只是专才,必须有多方面的经验,不但要懂技术、产品,也要懂管理、运营、市场。"

执行力是企业可持续发展的保证。"在'精益创业'的环境下,一个好的开始往往会很容易被他人复制。因此,你必须既可靠又快速地执行。比如,如果你无法做到每天更新产品,那么至少需要每周更新。你的领导力得以维持,

不是依靠品牌，也不是依靠知识产权，而是依靠你可持续的执行力和带领企业前进的能力。"

李开复建议创业者要提升自己的执行力，需要加强积淀，"创业者不能只是专才，必须有多方面的经验，不但要懂技术、产品，也要懂管理、运营、市场"。尤其对于大学生，要培养学科之外的能力："如果你在读书的四年中每个暑期去打工、去学习——未来你想做网上电子商务，就自己先开一个淘宝店；未来想开一个咖啡馆，就先去咖啡馆打工。如果你能够把三四个暑假利用起来，积累足够的经验、人脉，自己的成功概率就会提升，自信也会提升，这样才可能更早一点出来创业。"

李开复 谈创业

创业一部分是与生俱来的独立、自信、执行力，碰到挫折当作学习的机会，不断磨合、不断成长，能够碰到有这么大的抗压能力、学习能力、执行能力的人是千里挑一。

麦可思公司创始人**王伯庆**：
创造出国家需要的创业方向

王伯庆

王伯庆 2006 年回国创业，时年 52 岁，被称为"年龄最大的海归创业者"。2006 年 10 月，麦可思公司在西南财经大学的一间闲置教室中创立了。"麦可思"是从"MyCOS"英译过来的，王伯庆常被人问到这是否是一家国外的公司，他的答案是："MyCOS"是"My China Occupational Skills"（我的中国职业能力）的缩写。他开办这样一家公司，究竟是要做什么呢？

◎ "'大学生就业难'开始成为中国的社会问题，我在就业调查和数据分析的领域已经积累了近 16 年工作经验，适合来做大学生就业的实证研究。"

"我叫作'1、2、3，开步走'，一间教室，两部电话，三台电脑。这'1、2、3'的物质条件也是投资人出的。我当时还觉得投资人看好自己的创业，几年后人家老实地说：'其实也不是看好你这个创业，你这么大岁数还创业，就是有点感动才冲动地投了。'那年我已经 52 岁了，高校也没有就业跟踪咨询的市场需求。"

其实，早在 2003 年世界银行便牵头发布了一项职业和能力研究，为美国高等教育机构测量社会对毕业生的需求提供了新的方法。在美国，已经有咨询公司开始提供毕业生就业跟踪研究。在国内，大学扩招后的第一批学生走上社会，就业难成为常态，而大学生就业研究仍属于空白。

王伯庆决定把"高校管理咨询"带回中国,他明确告诉聘请自己的西南财经大学自己无法做全职教授,只能兼职。自己要利用长达16年的就业研究和数据分析工作经验以及国外先进的方法来研究中国大学生就业问题,促进高校完善教学和培养模式。

"从某种程度上讲,美国的商业环境比国内好很多,但创业对综合素质要求很高。我认为自己在美国不具备这样的条件,不能在美国文化中游刃有余。"王伯庆说,"更重要的是,我的心在美国从未安分过,放不下中国这片土地,我的事业应该回到这里。"

◎ "创业者要有傻乎乎的乐观,还要有'不到黄河心不死'的执著。"

"创业更多的是从某一个方面改变了国家的某一项服务方式,例如百度引进了搜索引擎,我们引入了高校咨询管理。"

"开始的近三年时间里,麦可思的工作是公益性的,我们做全国各省的大学生就业研究,然后再把调查报告免费送给各省。没有收入,麦可思不断地筹款,我经常的工作是找投资和借钱。那时也必须经常面对员工辞职,主要原因还是不看好这个公司。"

王伯庆自己生活也很拮据,妻子因为经济拮据继续留在美国工作,过得十分窘迫。然而面对巨额欠款,王伯庆总是保持乐观的态度,即使在他最困难的时候,有人问他:"你还好吗?"他总是会说很好。皇天不负有心人,在王伯庆的坚持下,麦可思出现了曙光,2009年受国际金融危机的影响,国家终于关注到大学生的就业问题,高校开始付费请麦可思来做数据分析,公司有了进账。也是在这一年,麦可思顺利发布了《中国大学生就业报告》,这是中国第一本就业的蓝皮书,此后每年麦可思持续发布就业蓝皮书,受到各方专家的广泛认可和一致称赞。

王伯庆说自己是一个很实际的人,凡事都会一步一步去做,因为人的事

业没有投机可言,执著和寂寞才是唯一的法宝。面对创业之初的种种艰辛,他始终坚信自己从事的是中国转型期必须要做的工作,从未想过"马放南山,刀枪入库"。

如今,年过花甲的他心头总是盘算着下一个五年大计、十年大计。他坦言:"我本来计划只做几年,现在看来一时停不下来了。由于这个事业是我国所需要的,我要继续带着我的团队把工作做好,最少再坚持10年。"

创业家有话说

如何找到"剩者"

创业的领域一定要是自己非常擅长的,不能看到什么赚钱就去做什么,要有社会需求。创业者要在创业前对自己将要进入的产业、行业有前瞻性的认识,要清楚如何让自己被市场所认识,以及如何向市场销售自己的产品。

新东方创始人、洪泰基金创始人**俞敏洪**：
创业要有服务社会的价值观和踏实的目标

俞敏洪

励志领袖俞敏洪的故事已经被大多数人耳熟能详,在继续引领庞大的新东方帝国前进之外,俞敏洪又联合创立了洪泰基金,转型成为投资人。于是,除了新东方的"老俞",俞敏洪又多了一个新称呼:"洪哥"。他很满意这个颇具江湖侠气的称呼,认为这既能显示他青春不老,又能拉近他与年轻人的距离。一向乐于对青年一代传道解惑的"洪哥",自然也毫不吝于分享他的创业建议。

◎ **"创业者首先要有正确的价值观,除了赚钱以外,还要为社会提供好的服务。"**

正确的价值观是创业的基础,是必不可少的隐形竞争力。"正确的价值观,可以让你走在正确的道路上。你跟人打交道时肯定愿意跟一个好人打交道,如果这个人不好,他再有钱,再有才华,你也不敢重用他。任何一个行业,都要做到让老百姓愿意把自己的身家性命委托给你,这样事情才能够做大。"俞敏洪如是说。

他曾提过,成功分为短期和长期,短期成功后名利有可能就会失去,要想获得长久的成功,就需要有持久的理念和价值观。他谈到,自己的行动准则和做事要求就是"要做对自己有好处对别人也有好处的事情。别人并不仅仅指我的家人,也指整个社会中的成员"。所以,就创业而言,就是通过创业者和团队的实践和努力,服务于社会,这是除了创造利润之外,创业者最应该遵循

的价值观。

价值观决定了创业应该"有所为"也要"有所不为"。俞敏洪坚决反对一心挣钱、只顾利益、投机倒把等行为,他直言不讳:"我讨厌那些利用国家资源,或跟国家权贵结合起来创业的所谓企业家,或者利用国家资源和利用权贵来获得企业发展的人,坦率地说,这不是他们的本领,他们是利用人民的钱在做事情。"

所以,在为社会提供好的服务这一价值观下,俞敏洪给出了创业方向的建议:"在选择创业项目过程中,需要把科技和生活紧密地联系在一起。任何脱离生活和普通老百姓的创业都是不现实的,创业过程中更重要的是为了改变人民的生活状况,要使人民有所受益,这样的项目才具备成长下去的土地。"

◎ "创业者要有踏实的、能够完成的目标,我们要有把事业做大的决心,但设立目标的时候,必须一步一步来。"

创业一心争名逐利是不可取的,但另一个大忌是好高骛远。俞敏洪多次谈到,自己成功的部分原因是"有一份农民的踏实",会做事的人要愿意从小事做起,做小事是成大事的必经之路。"大事业往往也要从小事情一步步做起来,没有做小事打下牢固的基础,大事业是难以一步登天的,创大业者往往都是从小事做起的。"

然而,在创业上,明白这点的创业者却不多。俞敏洪感叹现在的创业者中异想天开的人太多了,有的完全没有经验就想着创业,有的拿着商业计划书认为融到钱就大功告成,他们没有明确的目标,也没有切实地付诸行动,这类人"连做人的基本道理都不懂"。也有的人希望一蹴而就,俞敏洪曾举例说,有年轻人找他投资网站,预计两年后网站收入会达到10亿。目标很美好,大饼很诱人,但这都不过是想象,创业时雄心万丈想做大做强本无可厚非,但是关键是脚踏实地,一步一步慢慢来。"新东方从来都是一点一滴做事,一步一步把事情做好,做到10个亿用了整整12年。"与之相比,创业者并没有明确的目标和踏实的行动,却希望短期内就达到高额回报,这是心态浮躁和目标不明确的体现。

为此,俞敏洪谆谆告诫年轻的创业者们:"这个世界永远不缺机会,缺的是努力抓住机会、把机会变成大机会的人,所以,一定要有踏实的目标,慢慢做,这世界上最需要的是靠谱的人。"

俞敏洪 的创业建议

人应该有宏大的理想,但更要知道去实现这个理想的具体的每一步应该怎么去做。

瑞尔齿科创始人**邹其芳**：
创业眼光要放长远，不要急功近利

邹其芳

邹其芳温文尔雅，不惑之年才创业的他一直被称为"牙科传道士"、"牙科布道者"。与年轻气盛的创业者相比，他很沉得住气，强调要有感恩的心态，要珍惜机会、沉下心来认真做事。

◎"企业有内在的规律性，和人的成长一样，你不要期望三岁的小孩就站在讲台上；企业要想长久，需要时间，需要积累，需要沉淀。"

大学毕业后，邹其芳逐步成为一名出色的职业经理人，为了将自己的管理思想系统化，同时学到更多的管理知识，他选择去沃顿商学院读 MBA。这段经历扭转了他的人生：美国人对自我实现的推崇、对创业的鼓励、对企业家的崇尚，深深影响了他的所思所想："在那个环境中，创业的想法在心中油然而生，而以前在中国想都没想过。"他自称自己是在后天的环境中一步步走上创业之路的，而不是天生的创业者。"如果没有去美国读书，我不会有自己创业的想法，这一辈子可能就是一个职业经理人。"选择创业，对他而言意味着"创业就要做件对自己、对社会有意义的事情"。

如果因此将邹其芳的创业想法认为是一腔热血和一时冲动，那就是误读。恰恰相反，邹其芳认为企业的成长和人一样，有自身的周期，要想把企业做好做长久，就不能着急，不能浮躁。他将企业的发展比喻为人的成长历程，不可能指望两三岁的小孩就成为奥运冠军，所以做企业也不能太急功近利。他提到，创业过程很漫长，如果你志在登上山顶，那么就不要一开始就争强好胜，拼命追赶，否则后面就筋疲力尽了，所以最重要的是稳步向前，坚持到底。

邹其芳常常提到，创业初期"所需要的是把握最核心的能力：你要打造一个什么样的企业，做这个事情的目的是什么，是不是想打造一个长期发展的企业。有了这个想法以后，你才会知道如何做事情。在创业初期，创始人也很重要，要身体力行，说到做到，带一小批人去延伸、传承"。对有意于将创业作为一生志向的年轻人来说，最好在创业开始时就静下心来，做好长期发展的准备，不要心浮气躁、急功近利。

◎ **"创业需要专注——创业时会发现，机会太多太多，看起来都是机会，但是不是都是你的不好说，所以需要专注。"**

邹其芳的诠释完美地回应了外界对瑞尔发展太慢的质疑。邹其芳谈到，瑞尔之所以发展速度低于外界预期，是因为企业要长久发展，必须有充足的人才储备和合适的企业文化，前期很多精力都专注在培养和储备人才上，投到塑造公司的企业文化上。

"企业文化就是价值观、做事习惯，"邹其芳说，"我创立瑞尔齿科是希望做一个长久经营的企业。历史上没有一个企业是因为好的产品而成为百年老店的，而是好的行为和习惯。"因此，他致力于帮助医生们树立起"顾客就是上帝"的意识，让医生明白口腔医疗不仅仅是治病，还是一个保养保健的过程，帮助团队树立起服务意识和服务理念。他用瑞尔的服务程序为例来说明"顾客至上"的精神：诊所实行的是预约制，顾客不用排队，一走进诊所大厅就能得到工作人员的热情接待；在整个诊疗过程中，包括前台登记、治疗、配药等，顾客一直有专人陪伴，时刻提供帮助，解答疑惑；顾客在单独的诊疗室接受治疗，尤其贴心的是，为了缓解顾客的紧张心理，每一间治疗室都配有一扇看得见街景的落地窗，旁边还设有梳洗间，顾客能在接受治疗后使用。为了防止顾客忘记复诊时间，诊所会特地打电话提醒各位顾客，并及时与之沟通交流，以

了解治疗的效果。

瑞尔对精湛医术和人性化服务的专注，受到顾客的一致青睐，很多人用"非常细心"来评价。这些精益求精的细节正体现了邹其芳踏实认真的做事风格，也体现了他专注耐心的创业理念。

创业家有话说

邹其芳 对年轻创业者的建议

目前机会是很多的，时机也是最佳的，但怎么才能把握住，这是个人的选择。我真心希望这些年轻人能够把眼光放远一点，给自己多一点的时间，不要急功近利。希望能通过他们的努力，打造一些引领中国发展的企业。

商业模式

爱康国宾创始人 张黎刚：
创业最痛苦的是寻找商业模式

张黎刚

张黎刚的人生一直在放弃：复旦大学学位、搜狐网副总裁之位、e龙网CEO之位。他说过："我不做英雄的陪衬，我要拥有自己的公司。"不甘心做配角的他，在创办爱康网时寄托了一颗雄心和满腔激情，对他而言，爱康网"是我将理想和现实结合起来的一次创业"，"是我希望做一辈子的事业"。

◎ "对创业者来说，从一个想法到最终创立商业模式之前这段时间是最艰难的，要找到一个模式真正能够把你的公司发展下去，能够更快发展，能够造一个品牌。"

"这十年，我遇到的最大困难就是：怎样把握好市场，找到商业模式。"2014年，回溯自己十年创业历程时，张黎刚开门见山地总结道。

2003年，受一本杂志启发，张黎刚意识到中国在健康管理产业上蕴含着巨大的商机，于是次年就成立了爱康网，实行B2C的商业模式，向消费者卖会员卡，但成果微乎其微，"卖了一个月只卖出去一张，我就知道这商业模式

有问题"。根据自己之前在 e 龙转变商业模式的经验,张黎刚将爱康网的商业模式调整为 B2B,由卖卡给消费者变成卖给企业和团队,结果业务量大增,很多在各地设有分公司的外资企业,总部可以通过爱康网顺利地了解员工的健康状况。

不过,问题又随之而来:虽然爱康网不愁订单了,但没有合适的医院来落单,线下的医院将其作为竞争对手,不愿意与之合作。为此,爱康网只能再次转变商业模式,从线上走到线下。2007 年,爱康网和上海的国宾体检合并,从一家互联网公司转型为跨越互联网与医疗实体的健康管理平台,"从鼠标公司(爱康网),变成鼠标加水泥的公司(爱康国宾),这是一个质的变化"。在这个商业模式的推动下,爱康国宾的收入在 2011 年达到了行业第一,对此,张黎刚说:"我们花了四年,学会怎么管理体检中心,学会互联网思维和实体的结合,学会连锁化经营,从而做到行业第一。"

从 B2B 到 B2C,再到后来的线上线下相结合,商业模式的摸索期总算告一段落。"这三步路走完后,公司就没有发展障碍了,"张黎刚感叹,"对创业者来说,从一个想法到最终创立商业模式之前这段时间是最艰难的,要找到一个模式真正能够把你的公司发展下去,能够更快发展,能够造一个品牌。"

◎ **"创业要学会妥协,虽然我做人的原则、公司的价值观从不会妥协,但在商业模式上,可以向市场妥协。"**

在商业模式的寻找中,张黎刚经过很多的纠结和挣扎。他本人是做互联网出身,深具互联网情结,在创办爱康网时,他极不希望将其变得重型化,但这份心愿在医疗行业行不通,"我多多少少也是在互联网行业经手过上市公司的人啊,可在医疗行业,人家并不把你当回事。那一刻,我突然意识到,如果自己不掌控实体资源,有一天会死无葬身之地"。

这与医疗行业的特点有关,互联网依靠的是大流量和资源过剩,但医疗行业是资源稀缺的。"我后来意识到,酒店、宾馆,包括商品都是过剩,因此它需要阿里巴巴、e龙帮其分销。但医疗服务是供不应求的，不需要分销。"因此，如果按照互联网思维，仅提供平台服务，价值极为有限。为了创业成功，张黎刚不得不进行妥协："创业要学会妥协，虽然我做人的原则、公司的价值观从不会妥协，但在商业模式上，可以向市场妥协。"

商业模式并不是一成不变。目前，随着移动互联网时代的到来，张黎刚也开始注重发展B2C的商业模式，他调整成立移动医疗公司，并将其视为继e龙和爱康网之后的"第三次创业"。"我觉得大家的消费习惯已经改变了。这对我们来说既是机会，也是危机。当很多人开始把预约体检等服务从PC端、电话端转到手机上的时候，如果爱康还不在，那就是问题了。所以，就我们的主营业务本身，也需要在移动端有属于自己的服务体系。"此外，张黎刚还谈到，目前的医疗行业不存在以患者为中心的服务体系，未来只有转变为以患者为中心、以客户为导向，才可以建立起一个全新的商业模式。

张黎刚 谈商业模式

生意就是生意，不管你喜欢还是不喜欢，对企业是有利的就应该去做。

"我爱卡"创始人涂志云：
根据市场选择商业模式

涂志云

伯克利 MBA、斯坦福博士、"中国十大海归创业新锐人物"……优秀的履历给涂志云罩上一层光环，然而，在他看来这一切"或许只是起点较高"。他更愿意与人分享他的创业经验和创业带来的"有意思的生活"。

◎ "天生我材必有用，上帝给你这些东西，就需要你对社会做出相应的贡献，对社会有所推动，当历史的重任落在你身上时，就应该义不容辞地站出来。"

1989 年涂志云从国防科技大学保送到中科院读研究生，前景一片光明。此时，他对留学生活产生了向往。1991 年，他拿到加州大学伯克利分校的全额奖学金，开始了求学生涯。从伯克利商学院毕业后，涂志云在 Fair Isaac 消费信贷风险管理咨询公司工作，就职于核心组，他开发的 FICO 信用局评分系统后来被作为美国消费信贷管理的行业标准。1997 年，他再次怀着对学习的热情，进入斯坦福大学攻读博士学位，这段求学经历影响了他后来的人生，"在那里我学到最多的是'追求卓越，不断创新'这八个字"。

"斯坦福的创业精神根深蒂固。那里是创业大本营，人人拿着计划书，不是在找投资，就是已找到投资，要不就在投资公司工作。"彼时正是美国网络发展的黄金时期，涂志云也积极投身这个大潮，参与到网络革命中，在美国的网络营销公司 Digital Impact 从兼职做起，后成为公司的全职营销科学家。2000 年，公司上市，涂志云在一夜之间成为百万富翁。在收获财富的同时，涂志云萌生了回国创业的想法："每当唱到故乡、祖国时，一种真情实感就会自然而然地流露出来，这种感觉只有在海外漂泊过的游子才会有。"怀着对祖国的眷恋，涂志云"没太多想"，收拾行囊就返回了中国。"我希望借助这些财富，将美国的信贷模式复制到中国。"在他看来，从回国创业到之后创办信用卡门户网站都是一件义不容辞的事情："也许出生于我们那个年代的人，习惯将责任和使命视作生活的重点。"

◎ "与需求不符的技术，再超前，市场也不需要。"

2001年，涂志云回国担任一家公司的CEO，成为备受看好的"空降海归部队"之一，人气颇高。然而这份工作与他的兴趣和特长并不匹配："从职业上看，我擅长的是银行消费信贷风险管理，以及同样模型的针对性营销。"

2002年，涂志云自立门户，创办国内第一家专门针对银行的消费信贷管理咨询公司。他对这家公司充满信心：自己积累同类公司的运作经验，集聚了先进的技术和优秀人才，拥有风险投资的支持，抓住了中国信贷消费起步的机会，可以满足银行的大量需求，可谓是"天时地利人和"。然而，由于对国内市场水土不服，公司在几次商机来临之时都判断失误，加上运营管理不善，股东意见不一，第二年就结束了经营。

"从美国带来的技术很超前，但技术在天上，现实在地上。"这个时期让他真正了解了中国当前信贷消费管理的现状："与需求不符的技术，即使再先进，市场业也不需要。"

◎ "成功的创业公司都有类似的特点：成功 = 巨大的市场 + 良好的产品和服务 + 有效的执行团队 + 稳定的商业模式。"

2003年，涂志云再次开始创业，成立北京决策引擎风险管理科技公司，2004年公司开始帮中信银行开展信用卡营销。这项业务让涂志云发现了信用

卡行业的商机，2005年他建立了"我爱卡"网站，进行网上信用卡营销。涂志云认为："目前中国真正的信用卡持卡人不过几百万，潜在客户有几千万；发卡量在一千万张左右，而在美国，信用卡总量在5亿张左右。"

"中国现有近亿网民，是未来5到10年中最好的、最有利润的潜在信用卡客户。"与互联网的结合帮助公司找到了稳定的商业模式："中国有1亿网民，有8000万优质客户，最有消费能力的人大多在网上。我们很清楚地知道这8000万用户在哪里，精准地了解他们的需求并及时提供优质的服务。"他相信，"中国的年轻一代会喜欢上信用消费和信用卡的，我们希望能在这个信用时代，创造价值。"

回顾一路走来的创业历程，涂志云坦言："所谓九死一生，就是做成一件事是需要死几次的，走过几次死亡边缘，就不会那么害怕，你会对人生有一个把握和态度。"

涂志云 谈创业门槛

事情除了抓住用户的需求以外，一定要加一定的门槛。我当初选这个行业的时候就问自己一个问题，这个市场有谁在做这个事情。我在美国很多年做信用卡这个行业，回国以后发现中国没有信用卡，中国未来十年被称为最大的信用卡大国，我就开始进入这个领域。有了这个市场以后，我就在想，有些什么样的壁垒我能够利用、我能够设置，使我能够保持一定时间的领先地位。所以我在想，如何设置、如何建立起来相关的竞争壁垒。

乐视创始人**贾跃亭**：
99%的人不看好的事情，才有可能成就颠覆

贾跃亭

贾跃亭出身于山西贫困的农村，从小县城出发闯荡北京，他有着独特的商业眼光和野心，跨界，融合，颠覆，因为常常不走寻常路，被人们称为互联网行业的"颠覆者"。然而，他却常说："只有极少数人能看到真正的颠覆。"

◎ "在互联网情况下评价企业价值，最核心的就是用户，然后是对于社会、产业的价值，最后才是企业短期的盈利能力。"

"电视行业这潭死水需要动一动了。"贾跃亭认为，既然互联网已经对零售、金融、传媒等行业造成了巨大挑战，那为什么不能对电视行业进行颠覆呢？

2012年9月19日，贾跃亭宣布将投15亿元进军电视产业，次年同期超级电视S50大卖。"网站的流量瞬时达到210万人，这在行业里不多见。"贾跃亭说，"S50大卖是电视行业的历史转折点，是消费者接受互联网CP2C直达用户模式的里程碑。"

"互联网电视要颠覆传统模式或颠覆传统行业，需要五大利器，用户、前瞻、快速、协同、极致。第一位就是用户。"在S50大卖的同时，乐视网却因为技术问题无法支撑不断涌来的流量，贾跃亭和乐视的许多高管第一时间向粉丝"乐迷"表达歉意："这个问题在普通厂家看来或许不是什么大问题，让用户多等几天就能解决，但对于乐视来说，这是一个大问题，乐视TV现在的一

切是乐迷们一起给的，我们要给乐迷最好的体验，售后是很重要的一环。"

"原先互联网公司拼的是用户数量，越多越强大，但在苹果之后，大家明白了用户数量和用户质量同样不可或缺。当你有一些非常忠诚的用户时，他们的带动作用非常强大。"如何在互联网思维下保证用户的数量和质量呢？贾跃亭结合乐视的理念做出进一步阐述："具体到产品上，我们提倡千万人参与、千万人研发、千万人使用、千万人传播，但这一切的前提是千万人不满，大家都不满，就可以参与进来共同改进你的产品。我们希望每个用户都是乐视的产品经理，可以利用一切渠道向我们提出建议。"在内容生产上，乐视采用互联网"C2B2C"模式，号召用户参与作品的制作过程中，并将因用户而产生的价值、内容反馈给用户。"我们希望乐视内容制作部分能够更多地让用户参与进来，通过乐视论坛吸取乐迷建议，让作品深度互联网化。"

◎ "互联网真正的变革者往往不是行业的巨头，而是跨界的人。"

从乐视进军盒子和超级电视开始，贾跃亭逐渐变得犀利起来，言语中反复提及"颠覆"一词。然而，从超级电视、乐视手机到超级汽车，乐视的每一次举动都很容易遭到网友的"呵呵"态度，贾跃亭自嘲道："乐视就是在大家的嘲讽中成长起来的。"然而，他认为只有极少数人能看到颠覆。

"电视，30年未曾改变的产业，我们将用互联网模式重塑电视行业。"2013年，站在台上的贾跃亭说出的这句话并没有触动听众，他继续说道："当大多数人都不看好的时候，这件事情才值得去做，做了才有可能颠覆。"这一建议在公司内部反对声一片，但他认为："当大多数人都反对的时候，这个事有可能惨败，也可能获得巨大的成功。要说大家都进入了一个领域，大家都拍手称快的时候，那就意味着所有人都看到了这个机会，也就意味着它是一个成熟的市场了，根本不太可能产生颠覆。"面对高管的反对，贾跃亭凭借持有的高额股份启动进军硬件领域的战略，而之后超级电视的大卖证明了他当初的判断是对的。

事实上，当人们忽视版权问题的时候，贾跃亭已经大力收购正版，为今天的乐视增加了核心竞争力；没有人认为互联网公司应该前往上游制作精品内容的时候，乐视已经设立了专业的影业公司。贾跃亭常对员工说："乐视真正的敌人只有自己。"与其说乐视在颠覆别人，不如说在颠覆自己。

2014年，贾跃亭在微博上宣布打造超级电动汽车，人们再一次表示质疑，但他相信自己跨界的决断，并已下定决心："即使乐视造汽车会万劫不复，如果能点燃更多人的梦想，我也义无反顾。"

从十年来的发展历程看，乐视一直在作颠覆式的创新，因为不断推出别人看不懂的东西，所以才会遭遇人们的"呵呵"，但是"真正的变革者往往不是行业的巨头，而是跨界的人"，乐视的商业战略就是"用未来定义现在"。

贾跃亭 谈"颠覆"

当大多数人都反对的时候，这个事有可能惨败，也可能获得巨大的成功。要说大家都进入了一个领域，大家都拍手称快的时候，那就意味着所有人都看到了这个机会，也就意味着它是一个成熟的市场了，根本不太可能产生颠覆。

搜狗创始人王小川：
敢于独闯商业模式，不遗余力地创新

王小川

王小川似乎从小就不走寻常路，他依靠在数学和计算机方面的惊人天赋先后就读于成都七中、清华大学等著名学校。在风云变幻的互联网市场上，他带领搜狗团队创造出"三级火箭"模式，时刻鼓励创业团队不遗余力地创新。

◎ "当别人把门关得差不多只留条缝的时候，如果你自己还把那个门缝关上，就相当于自己不给自己希望。"

2001年，搜狗从搜狐中拆分出来，成为相对独立的公司。2003年，搜狐创始人张朝阳决心打造自己的搜索引擎，刚刚毕业的王小川被委以重任，成为搜狗的CEO。

然而，当王小川准备大展拳脚时却发现："全世界能做这事的国家，比能做核弹的还少。"搜狐是一家媒体属性极强的公司，似乎也不具备相关的技术基因。在王小川的奔走之下，团队招到20多名清华大学学生，用他的话讲："这些人都是我挨家挨户找来的。"11个月过后，搜索引擎发布。然而，正如一位投资人对媒体表述的那样："很多人总讲，我也能做搜索，但你发现，没做两天他就玩不下去了。"在互联网市场上一步落后，步步落后，2005年百度上市，将搜狗甩在脑后，另一方面巨头Google也在不断蚕食这一市场，王小川和团队陷入窘境。他回忆道："当时我们瞄着做跟百度（微博）一模一样的东西，走别人走过的路，结果百度吃肉，我们连喝点汤都难。"

2003到2008年，搜狗团队的士气一直不是很高，初创时期的技术人员因为升学和就业相继离开，人们开始质疑，搜索引擎能不能做好，这个项目会不会明天就不在了。遭遇压力的王小川从不在员工面前表现出压力，因为他"想要给大家一个环境，安静地把事情做出来"。搜狐很多人对搜狗搜索的前景感到迷惘，但王小川认为："当别人把门关得差不多只留条缝的时候，如果你自己还把那个门缝关上，就相当于自己不给自己希望。"

◎ "在一个复杂的格局里，我们可以选择花10倍的力气，寻求在产品上的更大突破。"

意识到硬拼搜索引擎希望渺茫后，王小川和团队不得不探索新的途径，用他的话讲就是"被逼着去创新"。他开始考虑"如何通过技术实现服务"，并逐渐对市场和产品变得敏感。2006年，将互联网和输入法结合的"搜狗输入法"面市，开始逆袭，到了2008年，输入法的用户量已经占据了40%的市场份额，次年更是大幅攀升，达到了70%。

通过这种途径，搜狗终于摸索出"三级火箭"的产品逻辑和商业模式：从输入法导入浏览器，用浏览器来增加搜索流量。"输入法就是一级火箭，浏览器是二级火箭，搜索是三级火箭，最后的发射来自前两级火箭的推动。"王小川将搜狗的奋斗形容为："在大象的阴影里，搜狗逆流而上，没有遵循所在领域普适的游戏规则。""三级火箭"模式将搜狗输入法庞大的用户转化为可观的商业利润，并找到了一条可持续发展之路。

经过十年历练，搜狗在中国的互联网市场上终于赢得一席之地。然而，王小川认为搜狗的表现只算"及格"："创新还是可能的。我们有1300名员工，而百度是二万。"面对激烈的竞争，技术出身的王小川强调要不断创新，他经常告诫员工："在一个复杂的格局里，我们可以选择花10倍的力气，寻求在产品上的更大突破。"

 商业模式

王小川 谈"风口"

当我们过多关注下一个风口在哪里时,恐怕本身就遇到陷阱了,或者来讲,跟趋势不符合的风口就是陷阱。看风口,要看当下是否是最好的切入机会。另外一块,就是在趋势里面,越走是不是越顺,还是越走可能这条路就越窄。从搜狗角度来说,寻找移动互联网的机遇,我们更多的就是看当下的机会。

奇虎360创始人**周鸿祎**：
羊毛出在猪身上

周鸿祎

周鸿祎被誉为"中国最好的产品经理"，他领导的奇虎360凭借免费杀毒软件颠覆了杀毒软件的行业模式。就在前不久，360宣布将再次以免费形式将旗下智能硬件产品——360智能摄像机夜视版推向市场。他在《周鸿祎自述：我的互联网方法论》中提出：互联网具有颠覆一切的力量，而免费是互联网的基因和血液，免费的奥秘则是"羊毛出在猪身上"。

◎ **"产品是商业模式的核心，本质是为用户创造价值。"**

"我参加过不少创业大赛，见过很多充满激情的创业者，一上来就讲自己的商业模式，一讲商业模式就是未来三年能赚多少钱。"周鸿祎却指出，商业模式至少包括四个方面的内容，其中首要问题是："你提供的产品是什么？能为用户创造什么样的价值？你的产品解决了哪一类用户的什么问题？"

好产品首先要为用户创造价值，这才是商业模式的核心。"消费者在选择一个产品的时候，根本不会在意你企业的战略，也不会关心领导、老板怎么说，消费者永远就问一个问题：我为什么要用你的东西，你的产品给我带来什么价值？"360成立之初，中国网民已达3亿，安全上网成为众多网民的愿望，需要付费的杀毒软件却将众多网友拒之门外。周鸿祎判断："安全服务应该成为互联网的基本服务，像邮箱一样，还有搜索，基本的服务就应该免费。"于

商业模式

是推出免费杀毒软件,在当时受到广泛质疑,也被金山等杀毒软件公司视为一种"搅局"。但周鸿祎认为:让每台电脑得到保护,是有利于所有网民的一件事,360的举动"推动了互联网安全的发展,只要对网民有利的,就应该是被大家认可的"。

◎"互联网经济是免费的经济,免费是最好的营销手段。"

推出好的产品以后,还要"用聪明的推广方法接触到这些用户,在接触过程中不断把产品打磨好"。那如何向用户推广营销产品呢?周鸿祎和360的秘诀就是"免费"。

"互联网出来之前,很多人一提免费,认为不是骗子就是不可能。因为现实生活中'免费'基本不可能。免费多是一种推销的噱头或营销的技巧。互联网发展这么多年,许多伟大的互联网公司的实践证明了这一点。"Google的搜索、腾讯的QQ,都是大受欢迎的免费产品,因此聚集了大量用户,进而在海量用户基础上构建一种新的商业模式。

周鸿祎认为"收费有利于提供更好的服务"这句话在互联网时代不值一驳。以360为例,"360这几年来,品质比很多收费的杀毒软件还要好,所以使网民抛弃了那些华而不实的收费软件"。因为"在互联网上当你的产品是免费的,用户选择你很容易,用户抛弃你也很容易,他没有任何思想负担,所以只有把免费的产品做得足够好才能留住用户"。

免费不仅仅是一种商业模式,还有更大的魅力。"很多时候,如果我手里有1000万元,在中国打一则广告连个响儿也没有,我还不如花1000万元做一款免费的互联网产品,给几千万用户使用。这几千万用户用了我的产品,就建立了对我品牌的认知、忠诚、信任,这比广告有效得多!"

◎ "用户不一定花钱，可能会免费用你的东西，但用户一定长期使用你的服务，跟你会持续发生某种联系，这更有价值。"

周鸿祎用"从一夜情到谈恋爱"来比喻客户和用户的区别，用户是"你能长期提供一种服务，能长期让他感知你的存在，能长期跟你保持一种联系的人。你只有在互联网上积累了足够多的用户，才有能力把其中一些转化成你的客户"。

事实上，360 当时的免费并没有看到背后的商业模式。尽管国内外都有许多互联网公司依靠免费产品实现了盈利，但 360 采取何种方式仍是一个难题。经过对比，周鸿祎选择了国内的腾讯作为参照系，他发现，"它的基础服务必须是免费的，但它推出了很多增值服务"，而"只要基数足够大，就是 1% 的比例，最终盈利也相当高"。也就是说，只要有一部分人愿意为增值服务买单，就能得到很好的回报，因此"那些长期用户与你持续发生的关系更有价值"。

尽管 360 杀毒的盈利能力一直不理想，但周鸿祎表示："我们向用户推荐使用 360 浏览器，在浏览器上我们建立了导航、搜索、网页游戏等业务。今天 360 一年几十亿的收入不是靠杀毒卖出去的，而是靠浏览器业务平台做出来的。"周鸿祎认为：在用免费的模式汇集了很多的用户，掌握了众多的用户之后，再想怎么用庞大的客户资源盈利的赚钱模式，两者并不矛盾，这种"羊毛出在猪身上"的策略正是 360 免费模式的奥秘所在。

他经常告诫创业者："创业者如果志向远大，不是满脑子想着赚几个小钱，那他一定得知道商业模式的本质到底是什么，也需要从 Google 的故事里学会一个道理：没有用户价值，就没有商业价值。"

周鸿祎 谈四大商业模式

  第一段是产品模式，就是你做出一个什么样的产品，这个产品解决了一个什么存在的问题；第二段就是你的用户模式，你要想明白你为什么人服务，你瞄准什么样的用户；第三个模式，是市场模式，你在市场中怎么定位自己，怎么推广，怎么营销；当你前面三个模式都解决了，最后一个模式才是收入模式，所以收入模式是一个收入塔尖，用户基础是整个收入模式的基础，没有一个吸引用户的好的产品，没有足够的用户黏性，你把什么用户模式说翻天都没戏。

找合伙人

新东方联合创始人、真格基金联合创始人徐小平：
创业合伙人比商业模式更重要

徐小平

徐小平是"人生导师"、"留学教父"、"新东方三驾马车"之一，加在他身上有诸多光环。他本人萌性十足，正能量爆棚，精力充沛，爱心满满，热衷娱乐和自我娱乐，不论在什么场合，有他在，现场的气氛也就嗨了起来。

2010年离开新东方后，徐小平创立了"真格"天使投资基金，投资的成功案例有世纪佳缘、聚美优品等。2014年，徐小平担任中国首家创业商学院——黑马学院的名誉院长兼创业导师，同年获得华人经济领袖大奖。

◎"与其说我们在这里做投资帮助年轻人，不如说我们在每一个年轻人身上看到了我们自己青春的影子，我们在实现我们当年的梦想。"

徐小平本身就有颗年轻的心，并有"老顽童"之绰号。俞敏洪曾评价，徐小平是把自己的心灵和灵魂都沉浸到年轻人世界中的非年轻人。"青春"、"理想"这些词汇对徐小平非常重要，他提到在其心灵深处，与其被认为是投资人，不如说是一个教育家；与其说在这里做投资帮助年轻人，不如说在每一个

年轻人身上看到了自己青春的影子，实现当年的梦想。

从加盟新东方到做天使投资人，是徐小平从实现自身理想到帮助年轻人实现理想的过程。事实上，离开新东方董事会时，徐小平首先想到的就是如何来帮助年轻人，他希望用新东方上市的钱，来给年轻人实际的帮助。

◎ "要投资能让我激动的人，我为创业者个人激动的时候，而不是为产品激动时，说明人的魅力超过项目，投资成功概率往往会更高。"

也许与这种理想主义和人文色彩相关，徐小平在投资上以直觉和感性著称，被业界称为"最天使的投资人"，称其"拍脑袋决策、热脑袋决策"。有人总结，如果创业者能把徐老师给讲哭，不论主动哭或被动哭，那他多半会投；如果是主动的情感流露，那么他一定会投。徐小平自己也承认，要投资让他激动的创业者，如果一个项目讲半小时还没让他的头脑发热，那就不会获得青睐。因此，创业者要想得到热血沸腾的徐小平的支持，最好先让他热泪盈眶。

如果仅此认为徐小平全凭性情中人本色，对创业的判断只靠冲动和热血，就是一种严重误读。倒不如理解为，在理性的考量和精细的权衡之外，徐小平在创业过程中最看重的还是"人"这一因素，认为创业成败的关键在于创业者的素质是否过关、创业团队的素质是否过关。所以，对人和团队的判断至关重要。

◎ "失败企业、处境艰难的企业，都有一个共同特点：创始人中只有一个老大，没有老二、老三。"

从徐小平的自身经历可以看出这一点，当初他与大学好友俞敏洪、王强一起创办新东方，成为"三驾马车"之一，三人也被认为是电影《中国合伙人》[1]的原型,可谓合伙人的典范。后来,徐小平和老搭档王强一起创办了真格基金做天使投资。

真格的投资哲学是"判断人而非判断模式",人或合伙人在创业过程中至关重要,甚至胜过商业模式和市场方向,因为企业正是由人做出来的。真格基金最看重创业者有没有合伙人,有没有团队精神。徐小平曾屡次强调:"初创企业的合伙人非常非常重要,重要的程度超过你想做的市场方向",因为"创业之路是艰苦的,山上有老虎,一定要结伴而行,才能一路披荆斩棘、过关斩将,能够到达你梦想的一半、三分之一,或者是75%,或者百分之百"。

以徐小平的自身经历为例,当初他在新东方持有10%的股份,这使其具有主人翁心态,有"为自己的10%而战"的意识。后来,美国教育考试服务中心(ETS)向新东方发起总攻,意图关闭新东方,是新东方的几个合伙人同仇敌忾,最终化解了这次灭顶之灾。当他创办真格基金投资聚美优品后,在某次"301大促"中,聚美优品面临假货质疑,也是几个合伙人和陈欧[2]一起通宵不眠,消除了这次危机。

"很多人感叹新东方的成功,羡慕阿里巴巴的地位,惊讶小米的爆发力,但鲜有人意识到这点——如果背后没有联合创始人无论高峰还是低谷的不离不弃,很难说企业会有现在的辉煌。"徐小平由衷地说。

◎ "对于初创团队而言,合伙人比商业模式重要得多。"

所以,对于创业者而言,需要树立合伙人意识,为自己找到合适的合伙人。创业是条漫长的奋斗之路,遍布艰难险阻,需要有人一起并肩前进,共同

---

[1] 由香港导演陈可辛执导,黄晓明、邓超、佟大为主演,讲述由20世纪80年代至21世纪初,大时代下三个年轻人从学生年代相遇、相识,拥有同样的梦想至一起打拼事业,共同创办英语培训学校,最后功成名就实现梦想的励志故事。

[2] 聚美优品创始人兼CEO,高颜值"创富帅",下文会讲到他的故事。

开拓。创业者还需要有愿意分享的胸怀,与合伙人共同分享利益。共同的利益对于团队来说非常重要,团队一定要通过股份来凝聚,有7个联合创始人的小米,雷军的股份比徐小平投资的所有公司的老大都少,但它却是发展得最快的。

不过,共同利益固然重要,但合伙人之间还需要共同的梦想和共同的价值观来凝聚,用更高的利益、价值观和责任感,来化解团队中可能出现的矛盾和利益纠纷。共同利益和共同理想,两者都不可缺少。对此,徐小平进行了精辟总结:"不要用兄弟情意来追求共同利益,这个不长久,一定要用共同利益追求兄弟情意;不能纯粹为了理想去追求事业,但事业一定要有伟大的理想。"

徐小平的"合伙人"定义

所谓的合伙人,是你在股权上跟他分享,在荣誉上跟他分享,在创业的长征路上,他就会跟你不离不弃,一路走过去。

优客工场创始人**毛大庆**：
"和而不同"的人最适合做合伙人

毛大庆

  毛大庆做了很长时间的职业经理人，先后就职于新加坡凯德置地和万科集团。2015年3月，他毅然决然地辞去万科高级副总裁、北京区域CEO、北京公司董事长的职务，创立专门服务创业者的优客工场。很多人不太理解毛大庆：放着千万年薪的工作不做，为什么偏偏要去艰苦创业？

◎ **"为创业而创业才是真正的创业。"**

  "刚创业条件难免有些艰苦，与之前出入有好车豪宅相比，现在每次出门都是住经济型酒店，但我乐在其中，衣带渐宽终不悔。"毛大庆正在打造优客工场，这是一个为创业者提供综合服务的平台，"优客工场就是要让创业变得更简单，让创业者能共生甚至能互生"。他将创业对象锁定在创业者身上，为了创业者而忙创业。

  "创业到底是为了融资？为了上市？为了发财？为了财务自由？为了好玩？为了出名？为了热闹？为了赶时髦？其实都不对。"外界常常形容毛大庆是一个有"家国情怀"的人，他关注创业，一方面与国家对创业的政策导向有关；另一方面则来自于他在万科期间对城市人口结构变化的研究："中国经济的增量在何方？如果不解决这个问题，实体经济就好不了，传统行业也没什么意思了，这也促使我想要做一些带有未来意义的事情。"

  "这次创业大潮是中国社会一个深度变革的开始。"创业大潮下的企业可能面临很多风险，任何一个问题都可能导致创业失败，所以毛大庆"希望做创业者最知心的成长伙伴，打造中国最优秀的创业生态圈，把最有理想的创业者

汇聚到我们的平台上"，"创业就是为了创业，为创业而创业的创业，才是真正的创业"。

◎"恰恰是应该基因不同、知识不同、经验可能不同的一伙人，才配当合伙人。"

对于很多创业者来说，跟合伙人越熟悉，越有利于创业成功。毛大庆却说："我们找合伙人，最怕的是找最熟悉的、与我们观点最一致的人。"因为同质化的伙伴并不是合伙人需要的，因此"我们要找不同的人、基因不一样的人，但为了同一个理念、同一个远大理想、同一个愿景去奋斗，这是合伙人最根本而且是背靠背的信任"。"在这样一个时代下，没有一个人是万能的，没有一个人什么都懂。正是因为寻找基因不同的合伙人，大家在一起互相成就，互相弥补，互相帮助对方成长，有这样一群人共同帮助一个机构不断向新平台迈进，才能跟它的竞争对手去竞争。"

毛大庆认为，创始人的圈子在寻找合伙人上发挥着至关重要的角色。"这个社会是一个交际圈文化的时代。所以这个创始人社交层面交往的人，眼界够不够宽，看人的视角够不够宽，有没有接触到足够宽的人群，这些都非常重要，决定了这家企业能不能找到丰富多彩的合伙人。"离开万科之后，徐小平、红杉资本董事长沈南鹏、创新工厂董事长李开复、清控科创董事长秦君、金地产机构董事长周金旺等纷纷上门寻求合作，不仅让他的圈子能量发挥出来，也让他更加顺利地实现了创业价值。

◎"无论中国还是国外，我看到那么多的创业者，他们都有共同的特征：有梦想，为梦想而创造的那种热情，这是创业者必须有的特质。"

优客工场创立不久便收到诸多申请，毛大庆向媒体表示："每天都要以五六家的频率密集地会见各种各样的创业团队，恨不得一分钟时间都掰成两半来用。"他坚信自己创办的事业有价值："开办优客工场，正是为了引导创业者进入新经济领域做增量经济，这是一件真正有意义的事情。"

作为创业者，不仅自己要充满干劲，还要选择同样充满热情与活力的合伙人。毛大庆认为："合伙人，之所以叫合伙，不是谁雇佣谁，特点就是大家合在一起入伙。既然合了伙就是要共创、共享、共担，这个非常重要。尤其在创业层面，创业是马拉松，不是每个人都可以坚持到最后。"所以毛大庆特别指出："远大的理想和梦想，确实是团结合伙人非常重要的东西，这真不是虚的东西，是很实在的东西。"创业者要有"创业失败了我还要创业"的勇气，也要让合伙人扪心自问，"如果不是这样，他就不是一个好的合伙人"。

40多岁创业的毛大庆认为："人生就应该多体验，多经历；有些经历可能是挺辛苦的，但对于个人而言是一种享受，辛苦不辛苦，好玩不好玩，甘苦自知。"有人问他创业失败怎么办，最坏的打算是什么？他答道："我觉得这件事才刚开始，做什么最坏的打算呢？"

毛大庆 的"合伙人"定义

"合伙人"其实是个西方概念，它在西方社会产生，最早产生于服务性的行业，包括律师、会计师、金融领域，很少看到有工业、重工业资产的行业，上来就有合伙人，那不太容易。那些服务行业，需要更快地随着社会生产的外部环境的变化而变化自己的经营模式，所以合伙人变得非常多，包括律师事务所。

为什么今天在中国，合伙人变得如此重要？是因为大量新生企业在不断产生，北京每天新产生的创业企业就有五六百家之多，在这样的状态里面大家不断地迭代更新，不断从竞争中成长起来，学习周期变得非常短，要快速地成长。

优酷创始人古永锵：
和喜欢的人做喜欢的事

古永锵

外界对古永锵的评价和他的自我认知完全不同。在外界看来，从事投资、财务出身的古永锵骨子里就是银行家，冷静、理性、精确，有距离感，甚至将他比喻成"冰箱里的机械表"。古永锵却认为自己是性情中人，热情、外向、喜欢新鲜事物、一直坚持不懈地做自己喜欢的事情，"和喜欢的人，做喜欢的事"就是他对自己创业历程的总结。

◎ "对我来说，钱是我最后考虑的问题，因为从我的履历来看，只要我有好的团队、好的项目，成功地融到钱还是比较容易。"

创业伊始，古永锵坦言："对我来说，钱是我最后考虑的问题，因为从我的履历来看，只要我有好的团队、好的项目，成功地融到钱还是比较容易。"他认可"不要和朋友合伙"的观点，谈到"当时在选择合作伙伴的时候，其实有一些朋友一直想创业，但我也听了一些其他创业者的忠告，要把最亲密的朋友跟创业这种东西分开"。不过，他并非全然否定跟朋友一起创业，而是认为"先有工作关系、后成为朋友关系"的工作伙伴，会比一开始就是朋友关系做合伙人要来得好。

古永锵的团队干将有些是他通过工作结识的多年好友。优酷CFO刘德乐便是古永锵在富国投资工作时的老相识，已结下20多年的友谊；优酷副总裁朱辉龙、CTO姚键、高级运营副总裁魏明都是古永锵在搜狐的同事，其中魏明曾经是他的助理。这样功底扎实且彼此相对熟悉的团队，对优酷的成功功不可没。

除了挑选团队眼光精准外,古永锵也认同彼此合作、同甘共苦的理念。当时,他给公司取名"合一信息技术",合作第一,一人一口,不管是大口还是小口,每个人都有自己的一口,相互合作,内部协同,这就是他心中的合伙人精神。现在,古永锵也提到,最好的招人途径,是找那些曾经共事过、一起奋斗并经历过风雨的人;经过信任的人推荐和公开招聘的人曾遭遇过多次失败,不得不将对方辞退。在他的观念里,"人的问题应当尽早处理"。

◎ "我找的合作伙伴,都是赌过千万级的,不会找一些赌一两百万的人。"

古永锵给自己定下的合伙人原则是:"我找的合作伙伴,都是赌过千万级的,不会找一些赌一两百万的人。"创业和赌博的相似性在于二者的高风险和高收益,他理想的创业团队是做过大事和经历过大场面的人,愿意为创业去拼搏,甚至去赌一把。

古永锵认为自己是出于热血和激情来创业的。"在创业过程中很多人创业有不同的理由,要么是为钱,要么是为权,要么是为名;我是为爱好来的。"他敢下大赌注,不过这个赌是基于理性,"但我不是豪赌,我是分析过的赌,有专业眼光看到常人看不到的机遇和风险,这时赌得越大,赢的比例越大,就越不是风险。"

古永锵要带着团队做出一番大事业,他的核心骨干能力自不用说,不过都不算是冠军,古永锵就将团队培养成冠军,要大家永争第一。优酷初成立时,古永锵提出的目标是争做"东直门第一"网站,当时大家觉得难度很大,然而不到半年竟完成了。这样培养出来的冠军感让团队成员印象深刻,高级运营副总裁魏明提到,开始时自己心里想,"那我做一次第一试试,看看自己能不能做,竟然做成了,说明我们可以做"。接下来就好好保持,不往后看,努力向前冲。之后,魏明力争完美,再难忍受任何瑕疵,"老板说算了吧,就这

样吧,你会说不行,我觉得这个还可以再改"。

虽然进取心强烈,古永锵的好脾气却常为人称道。他的团队反映他"几乎没有拍过桌子,这么多年了",开会时让大家畅所欲言,尽情发表意见,他笑的时间比说话的时间多得多。古永锵认为这种和谐的相处方式来源于他深表认同的搜狐文化,"搜狐讲究平等,人与人之间关系比较简单化",古永锵将此在优酷内部大力推广。这种宽容和谐,反而更激发了大家的进取心,让团队自发地冲在争第一的路上。

> **创业家有话说**
>
> **古永锵** 谈创业与团队
>
> 我这个人比较简单,养家糊口基本不要有太多的顾虑。我经常讲的一句话就是,"和喜欢的人做喜欢的事"。

美图秀秀董事长**蔡文胜**：
移动互联网创业更需要合伙人

蔡文胜

蔡文胜是草根出身，从摆地摊做起跻身大佬，被称为"高大上中的另类"，他也将自己定义为精英与草根的桥梁。蔡文胜从传统行业起家，后来涉足互联网行业，1999年开启域名生意，抢得十多万个互联网域名，涉及各行各业，现在总估值超过1亿美元。2007年后，蔡文胜开始涉足网络投资，成为中国著名的天使投资人，阅项目无数。在他的多次访谈和演讲中，合伙人制度屡屡被倡导和强调。

◎ "移动互联网与PC互联网最大的不同就是它的速度在加快，今天你需要更快速地成功就需要一个团队，至少有两三个人才有机会成功。"

如今，移动互联网正在迅猛发展。2013年，蔡文胜就引用过一组数据，来说明移动互联网的发展势头："我们已进入移动互联网时代，随便举几个数据：百度搜索一个多月前在香格里拉开会时公布的数据，李彦宏公布35%的用户通过手机访问搜索，到今天已超过40%，而且每个月都在增加。淘宝有35%的用户用手机浏览网页。美团现在单月收入超过12亿，两年前手机订单是0，但现在已有50%来自移动端。"

互联网时代是强者更强、快鱼吃慢鱼的阶段，只存在前三名。在蔡文胜眼中，移动互联网的发展速度更快，所以需要更快速地去成功，"这就需要一个团队，至少有两三个人才有机会成功"，靠个人去单打独斗，效率很低，很

难取得成功。创业者需要找到合伙人,一起在创业初期把事情做出来。发展到后期,随着公司的壮大越来越需要各种各样的人才,创业者更要壮大自己的团队。

现在,创业竞争很激烈,需要创业者快速成功。蔡文胜用自己的经验作证明,说:"十年前,4399① 都是一个人在做,但 2007、2008 年开始,个人再去做大一个产品、一个公司就很困难了。hao123② 在 2003 年的时候,一天已经是一千万的访问量,但整个中国没几个人知道是谁做的,也不知道有这个网站,可以说是市场给了三年的时间,让它慢慢来做。但是今天,大家每天都在想做什么公司赚钱,包括大公司也虎视眈眈,很少让你用三年的时间慢慢来。"这时候,"草根靠一个人基本没有机会了,最起码你要有一个团队,哪怕两三人的创业团队,才能成功"。

◎ "未来,可能出大钱的人占小股,然后找到能干的人占大股。"

蔡文胜本人是从传统行业做起的,后来才涉足互联网行业。如今,在传统行业向互联网转型的过程中,他认为最重要的是要建立起合伙人思维,"不要再把自己当老板,把员工当干活的"。作为天使投资人,蔡文胜表示在自己投资的大部分项目中,更多是以"合伙人"的角色出现,而不是老板。

合伙人制度比起雇佣制,能更好地留住人才,促进企业的发展壮大。"如果你只是用更高的薪水雇佣对方,那么如果他够牛,他迟早会自己出去干。你只有运用合伙人制度,让他成为合伙人,他才会更努力地奋斗,企业形态才会发展。"在合伙人之间财富的分配上,蔡文胜主张能者多得,"以前我们做生意,投资一个工厂如果需要 100 万的话,5 个人按照实际出资来做股份占比,但是未来,可能出大钱的人占小股,然后找到能干的人占大股"。

---

① 中国最大的小游戏专业网站,www.4399.com。
② 中文上网导航,www.hao123.com。

那么合伙人之间有没有一个老大或者领导者？有人认为有，合伙人制度就是一个老大带着一帮兄弟发财，老大是带领者和灵魂人物，不可取代。蔡文胜认为，不能以偏概全，的确有很多公司是由一个老大来带领的，但也有的公司是通过合伙人齐心协力，一起把公司做大做强的。不过合伙人的数量也不宜太多，"最佳的合伙人是两个，超过三个合伙人大部分会失败"。

创业家有话说

蔡文胜 谈合伙人制度

互联网经济最宝贵的价值是人，有人就能赚钱。以前传统企业创业的时候，几个人合股，一般是谁出的钱多，谁占的股份大，现在不再是这样了，而是谁的能力强，谁的股份大。

人人猎头创始人王雨豪：
创业的合伙人时代来临

王雨豪

"人贩子"王雨豪[①]拥有15项IT等领域的著作权和发明专利，对信息社会的把握、丰富的创业经历，以及身为专栏作家的语言能力，使他常有看似简单粗暴其实意味深长的言论，比如"信息物种进化论"、"不赚钱的商业模式都是耍流氓"、"这个时代需要韦小宝一样的产品经理"、"剽悍的人生需要互联网思维"，其中"雇佣制节哀，合伙人制崛起"尤其引人注目。

◎ "所有的商业体共同进入'事业合伙人时代'；人就是商业模式的全部。由此，激发人的自主性才是创造开始的前提。"

"小米、腾讯、阿里巴巴之所以相继成长为市值超百亿、千亿美金的互联网公司，今日回头看，有一个共同点：都拥有最牛逼的合伙人团队。打造杰出的Partnership（合伙人制度）真不是平常功夫，应当算是一种绝学"，王雨豪一针见血地指出。他用苹果的例子佐证，苹果之所以大受欢迎，是因为把产品做到极致，旁人只看到乔布斯对产品的精益求精，然而没有默默执行的库克的付出，乔布斯很难匀出精力来做产品。

在移动互联网时代，不需要创业者君临天下，而是要有一群兄弟一起打天下，森严的等级制是企业生存的短板。因为移动互联网时代产品更新换代的

[①] 2012年创建人人猎头移动招聘平台，得此绰号。

速度越来越快，人的审美和评判标准也随着信息爆炸而迅猛改变，这时体系严密、流程规范的公司，就会面临着诸多的弊端。"当因为技术、新竞争对手以及新商业模式的出现导致市场发生变化时，上述类型公司就无法快速适应，员工深陷'流程式工作'无法自拔，严格按照流程才是其工作价值所在，因此公司整体会陷入不知所措的状态"，王雨豪说。

于是，要在移动互联网时期攻城略地，做大做强，就需要快速的反应和行动，人的创造力和执行力就空前重要，"去中心化、扁平化、众包、分享等开始激烈推进，人，作为一个鲜活的、自由的个体，而不是体系中的螺丝钉，被彻底解放"。这时候，"所有的商业体共同进入'事业合伙人时代'；人就是商业模式的全部。由此，激发人的自主性才是创造开始的前提"。

◎ "合伙关系，不仅是领导层级的合伙人制，更是员工级别的合伙人制。"

王雨豪曾高呼"雇佣制节哀，合伙人制崛起"，特地指明合伙制区别于雇佣关系。"雇佣关系极易导致一方面对另一方面的压制"，合伙人制度对应于互联网时期组织的扁平化，从而"实现了每一个个体的自觉性第一次作为矛盾的主要方面在同一个平台演绎"。

合伙关系不仅在企业上层，也是企业与员工的关系，"合伙关系，不仅是领导层级的合伙人制，更是员工层级的合伙人制"，尤其是在员工级别。"让'人民分享改革开放的成果'才能保证整个公司最强有力的战斗力。画饼充饥的时代已成过往，只有让员工感受到他们是权利的主体，具有当家做主的满足感，也才有公司的未来。同时，员工一层的合伙人制，也表现在交互的自由、协作的自由、信息共享的自由。最根本的一点必须牢记，满足不了员工需求，凭什么要求员工为你卖命？！"

要找到合适的合伙人，创始人需要真正投入自己所做的事情，这才能吸引志同道合的人。"当一个创始人不懂得如何去营造自己的影响力、吸引力的

时候,你最后招来的都是一些雇佣兵,到这儿来跟你赚工资的一些人,则只能同富贵不可同患难。"合伙人制度不是找到合伙人就一劳永逸,还需要维持和经营,"只要你还没死,企业没黄,你都要去想,我这个合伙人制度能不能一直继续下去,能不能不断地去物色那些优秀的人、更合适的人"。至于要如何经营合伙人的关系,王雨豪也给出答案:"非常简单,三个词六个字,透明、欣赏、成就。沟通透明,彼此欣赏,最后是相互成就。"

创业家有话说

王雨豪 谈吸引合伙人

当你痴迷于某一个领域、某一件事情的时候,你自然而然地就会产生这种引力,把一些相同、相关的人、事、物、所有期望的给聚集在一起。

创业知识汇

"互联网+",是什么?[1]

◆ "互联网+"是被"小马哥"首先提出来

"互联网+"战略由腾讯老大马化腾在2015年的两会提案上提出,在这篇名为《关于以"互联网+"为驱动,推进我国经济社会创新发展的建议》的提案中,小马哥希望国家能采纳"互联网+"这一生态战略。2015年3月5日,在第十二届全国人民代表大会第三次会议开幕会议上,李克强总理提出制定"互联网+"行动计划,将此正式写入2015年的《政府工作报告》。

2015年6月,李彦宏在"十年百度联盟峰会"上作了主题演讲,提到主流产业可以利用互联网来提升效率,主流行业根据对行业的了解和深厚的行业积累,通过运用互联网的理念和技术,焕发青春,提升效率,让整个行业往前走。

其实,所谓的"互联网+"战略就是利用互联网这一平台,通过信息通信技术,实现互联网和各行各业的结合,简单地说,"互联网+"就是"互联网+××传统行业=互联网××行业",从而在新的领域创造一种新的生态。

◆ "互联网+"与传统行业是相爱不是相杀

势不可挡的"互联网+"不仅在第三产业被应用得如火如荼,形成诸如互

---

[1] 本部分内容参考了百度百科条目"互联网+",http://baike.baidu.com/link?url=runMdsWhgz5FeZjepN6g6ZNRoJgvYybr78KYj8B83TjrZ236JawwoQLEOJAK7869obm6b5SThtnspxtkGFQKPq。

联网交通、互联网金融、互联网医疗、互联网教育等模式，而且正在向第一和第二产业渗透，将其改造成具有互联网属性的新的商业模式。互联网与传统行业是相互合作的关系，有的传统行业在面对互联网时如临大敌，但"互联网是对传统行业的升级换代，不是颠覆掉传统行业"。

◆ "互联网+"已经在全面改变我们的生活，最终目的是服务人

如今，在我们的日常生活中，"互联网+"其实已经随处可见，"买买买"的淘宝是传统集市+互联网，好基友（对手？）京东是传统百货卖场+互联网，支付宝则是传统银行+互联网，世纪佳缘、百合、珍爱网都是传统的红娘+互联网，滴滴打车则是传统交通+互联网，再加上在线影视、在线房产、在线旅游等，因此，互联网+已成大势，可能会以我们想象不到的方式来更新甚至颠覆我们的生活。

不过，虽然人们对"互联网+"的理解各异，"互联网+"的各种尝试也层出不穷，但"互联网+"的最终目的和核心思想仍然是服务于人的。行业的改造升级只是表面和手段，出发点和归宿是改善人的生活环境，提高人的生活质量。

◆ "互联网+"，他们这么说

李彦宏（百度创始人）：过去我们讲互联网正在加速淘汰传统产业，最近讲"互联网+"。所谓"互联网+"，就是任何一个垂直行业跟互联网进行结合的话，效率会有很大的提升。尤其是对于中国而言，我们的市场经济只有几十年的历史，我们传统产业和主流产业的运营效率跟美国等发达国家相比还有差距，在这样的情况下用互联网的方法再重新做一遍，我们有可能超越其他国家，使各种产业变得更有效率。①

---

① 李彦宏："互联网+"未来的两种可能性，新华网，2015年06月02日，http://news.xinhuanet.com/tech/2015-06/02/c_127867840.htm。

马化腾（腾讯创始人）：我们认为未来的"互联网+"模式是去中心化，而不像过去是一个集市。我们是去中心化的、场景化的，跟地理位置有关的、千人千面的，每个人的需求都能实现。这样的话，才能最大限度地连接各行各业，传统行业能够在自身垂直领域与做出成绩的合作伙伴进行整合，这种生态的力量才是最强大的。[1]

周鸿祎（360创始人）：我们今天谈的"互联网+"，最主要是把互联网作为主体，用"互联网+上"很多行业。本质上来说，就是利用互联网这种思想、这种连接的思维，思考如何在你做的产品里面，用互联网思维改造你的产品体验，从一个过去仅是卖给客户的商品，变成你跟客户的连接。同时利用互联网的商业模式，把这个一次性销售一个产品的模式，变成你和客户间持久地连接，通过这种连接不断提供服务。

"互联网+"就是各行各业和互联网一起发生的一场化学反应。为什么是化学反应？把氢气和氧气混在一起，它们还是两种气体。但它们一旦产生了化学反应，就能变成水，这就是本质的变化。"互联网+"也是这样，不是传统行业和互联网的简单结合，而是利用互联网对所有行业的再造，产生新的商业模式。比如互联网+银行、基金＝互联网金融，互联网+零售＝电子商务，互联网+制造业＝工业4.0。[2]

杨元庆（联想集团总裁）：我理解的"互联网+"就是全民互联网和全产业的互联网。过去我们关注互联网，仅仅关注那些互联网企业，关注互联网企业所能够带来的虚拟的产品和服务。而"互联网+"，是说未来行行业业都要

---

[1] 马化腾："互联网+"是种能力激活更多信息能源，腾讯科技，2015年04月29日，http://tech.qq.com/a/20150429/043168.htm.

[2] 周鸿祎："互联网+"是一场化学反应，比特网，2015-03-28，http://mi.chinabyte.com/387/13313887.shtml.

用互联网来改造、升级。而且你要是不改造自己的话，你就被改造了。这个地方很好的例子是滴滴打车，其实是对我们传统的出租车行业的一个互联网化的转型。①

时尚时尚最时尚的互联网思维，又是什么？

◆ 互联网思维由李彦宏最早提出，号召用互联网方法来做传统思维

李彦宏是"互联网思维"最早的提出者。2007年，他在接受媒体采访时说："以一个互联网人的角度去看传统产业，就会发现太多的事情可以做。把在互联网人精堆里磨炼出来的经验带到传统企业去，会有很大的投资回报。"次年预言："5年后不会再有专门的互联网公司，到时所有的公司都要用互联网做生意。"

2011年，在"百度联盟峰会"上，李彦宏提到了互联网思维："在中国，传统产业对于互联网的认识程度、接受程度和使用程度都很有限。在传统领域中都存在一个现象，就是他们'没有互联网的思维'。"在记录可查中，这是"互联网思维"第一次在正式场合中出现。2014年，在"中国民营经济论坛"上，李彦宏再度谈及互联网思维："中国很多行业用互联网思维方式再做一遍，会比美国的传统行业的做法更先进、更有效、更对消费者有利、更对社会的进步有利。"②

◆ 雷军将互联网思维总结成"七字真诀"+群众路线

雷军将互联网思维总结为"专注、极致、口碑、快"这七字真诀，其中

---

① 杨元庆："互联网+"是全民互联网和全产业互联网，腾讯网，2015-05-17，http://cd.qq.com/a/20150517/021936.htm。

② 考古互联网思维李彦宏的预言和野心，新京报电子版，2014年04月09日，http://epaper.bjnews.com.cn/html/2014-04/09/content_504876.htm?div=-1。

口碑是核心。"很多人觉得好产品有口碑，也有人觉得便宜产品有口碑，我想跟大家说不是这样，这个世界好产品很多、便宜产品很多，又好又便宜的产品也很多，口碑的传播是超预期。"口碑就是超预期，超预期就需要专注，有了专注后，还要极致。"要么你不做，要么你就做到极限。为什么这样想？因为在互联网上从 A 公司到 B 公司，只需要挪一下鼠标，就是这么简单。所以导致互联网竞争是赢家通吃的。基本上在美国、在全球是赢家通吃。"还有就是快，"倍数成长是互联网公司的最基本原则。不仅仅业务成长，包括对用户服务反应都要特别快"。

雷军强调互联网思维里还有很重要的一条——走群众路线，就是"深入群众，相信群众，从群众中来，到群众中去"，这便是互联网开源社区的模式。互联网用最低的组织成本，可以让用户参与进来。

◆ 周鸿祎总结的互联网思维：用户至上、体验为王、免费模式、颠覆式创新

因为不满自己的 PPT 被各色成功学大师用来做励志宣讲，周鸿祎干脆出书阐述了自己的互联网思想，将互联网思维系统总结为四条。

第一，用户至上。互联网要提供有价值的服务来与用户保持连接，"我与用户之间不是一锤子买卖，而是长期的关系。在互联网上聚集越多的用户，就会产生越大的化学反应，并产生巨大的创新"。

第二，体验为王。"在传统经济里，很多时候给用户提供的产品，够用就好，能卖就成。但在互联网上，用户选择成本很低。鼠标一点就用了，鼠标一点又不用你了。所以要想办法让大家感受到超出预期的感受，产生交易之外的感情认同。这样用户才能变成你的粉丝，你才会有口碑。"

第三，免费模式。"互联网发展这么多年，许多伟大的互联网公司的实践证明了这一点：如果一个公司能把免费服务做得很好——如，谷歌把搜索做得很好，腾讯把聊天做得很好，那么这种免费服务汇聚了巨大的用户量之后，总有办法在海量用户基础上，构建一种新的商业模式。这种模式不是我们发明

的，实际上已经被中国互联网证明了，广告和增值服务是互联网的两种商业模式。"

第四，颠覆式创新。创新不是发生在一夜之间，也不是生而完美。"颠覆式创新刚出生时都是满身缺点，不一定是完美的，更不一定是先进的，但是它一定在一个点上做到了极致。"[1]

对于互联网思维，他们也这么看

柳传志（联想创始人）：换一种角度，从结果的角度来解读，互联网思维与传统产业的对接，会改变传统的商业模式。从结果看，大致会产生这么几个效应：长尾效应、免费效应、迭代效应和社交效应。互联网思维开放、互动的特性，将改变制造业的整个产业链。因此，用好互联网思维，制造业链条上的研发、生产、物流、市场、销售、售后服务等环节，都要顺势而变。

曾鸣（阿里巴巴总参谋长）：互联网的未来就是任何人、任何物、任何时间、任何地点，永远在线，随时互动，而今天我们能连起来的东西还不到1%。"互联网精神"的层面是平等、开放、互动、迭代和演化："平等"是互联网非常重要的基本原则；"开放"变成一种生存的必须，连接越广、连接越厚，价值越大；"双向"的互动才创造价值；通过一轮一轮的"迭代"来逼近真实的用户需求；不是借助计划而是通过"演化"来逐渐优化、接近更好的状态。

张亚勤（百度总裁）：互联网思维分为三个层级。层级一：数字化；互联网是工具，提高效率，降低成本。层级二：互联网化；利用互联网改变运营流程，电子商务，网络营销。层级三：互联网思维；用互联网改造传统行业、商

---

[1] 周鸿祎：互联网思维是常识的回归，中国电子商务研究中心，2015年05月04日，http://www.100ec.cn/detail--6248298.html。

业模式和价值观创新。[1]

众筹模式是何神物？[2]

◆ **众筹就是大众筹款，你出钱我做事**

众筹（Crowdfunding）这一形式来自于国外，是指利用互联网和SNS传播的特性，让小企业、艺术家或个人向公众展示他们的创意，争取大家的关注和支持，从而获得所需要的资金援助。通过众筹这种方式，只要项目能得到网友的喜欢，都可以获得项目启动的第一笔资金，与传统的融资方式相比，众筹更为开放，为更多小本经营或创作的人提供无限的可能。

◆ **众筹不是捐款**

虽然号召众筹这种八方来支援的形式与捐款有很多类似之处，但众筹是商业行为，可能成功，也可能失败，众筹成功后需要为支持者提供回报，众筹项目失败后，要向支持者退还资金等。

1. 筹资项目必须在发起人预设的时间内达到或超过目标金额才算成功。

2. 在设定天数内达到或者超过目标金额，众筹项目就成功了，发起人也因此获得项目启动资金。项目完成后，支持者将得到发起人预先承诺的回报，回报方式可以是实物，也可以是服务。反之，如果项目筹资失败，那么已获资金全部退还支持者。

3. 众筹并不是无偿的，需要向所有提供支持的人提供相应的回报。

---

[1] 20位超级大佬眼中的互联网思维，中国营销传播网，2014-11-10，http://www.emkt.com.cn/article/621/62186.html。

[2] 本部分内容对百度百科"众筹"条目有所参考，详见http://baike.baidu.com/link?url=nabYqFxe7fi0gM0c3hiylbFcVz-GzNjq0zxKZa1LnEi8D2YKWiOSRa3JPBCk2emIDz31R7K90wY3zI68c0kb-K。

◆ 按照回报的不同，众筹也分几种模式

根据投资者在对项目或公司进行投资之后获得的不同回报，可以将众筹平台分为以下四类。

债权众筹：未来获取利息收益并收回本金。

股权众筹：获得一定比例的股权。

回报众筹：获得产品或服务。

捐赠众筹：无偿捐赠，不要求回报。

◆ 众筹要成功，也需要小技巧

众筹要想获得成功，也需要创始人在时间、金额、提供回报等方面加以注意。

（1）恰到好处的筹集天数：众筹的天数不宜过长，否则支持者会失去兴趣和信心。但天数也不宜太短，否则无法引起支持者的注意，也不利于积累筹资数额。一般而言，在国内外众筹网站上，筹资天数为30天的项目最容易成功。

（2）合乎情理的目标金额：众筹发起人在综合考虑生产、制造、劳务、包装和物流运输等成本之后，集合项目自身的情况，再定下一个合适的金额，正如前面所强调的，众筹不是捐款，筹款金额并非越多越好。

（3）支持者回报设置合理：众筹是商业行为，对支持者的回报要尽可能地价值最大化，并与项目成品或者衍生品相配，在回报形式上可以提供多种方式，以供支持者选择，一般有3~5种。

（4）项目包装：发起人要具备项目包装的能力，既要让项目能清晰地呈现，容易让人理解，又要让项目有吸引力，据统计，有视频的项目比没有视频的项目能多筹得114%的资金。

（5）定期更新信息：发起者要对项目信息定期更新，以便于支持者的了解和进一步参与，并鼓励他们向潜在的支持者们传递项目信息。

（6）鸣谢支持者：项目成功以后，最好给支持者发送电子邮件表示感谢，或者在网页上对他们公开答谢，这让支持者有被重视的感觉，增加他们的参与乐趣。事实上，不管众筹项目的成败，发起人最好都对项目支持者表示感谢，但是这常常被国内的发起人所忽视。

合伙人制度，你真的了解吗？

◆ 合伙人制度，就是有福同享，有难同当[①]

合伙人制度由两个或两个以上的合伙人拥有公司并分享公司利润，合伙人是公司的主人或股东，享有企业经营所得，并对经营亏损共同承担责任。在企业经营上，可以由所有合伙人共同参与经营，也可以由部分合伙人经营，其他合伙人仅出资并自负盈亏。合伙人的组成规模可大可小，不过互联网明星企业合伙人的普遍规模在3~7人。

之前，我国实行合伙人制的企业基本是三类：会计师事务所、律师事务所和咨询公司。随着互联网的风行和互联网创业公司的崛起，合伙人制度被不断地提倡和呼吁。2013年，阿里巴巴采用以合伙人制度在美国上市，合伙人制度更是受到大家的关注。

◆ 从"窝边草"到"路人甲"，都可能成为合伙人，关键是找到"对"的人

为了寻找或甄别出"对"的合伙人，互联网创业者们各出奇招。雷军称自己每天要花费一半以上的时间来招募人才。滴滴打车的创始人程维，无所不用其极，打听、请人介绍、约喝咖啡等，CTO张博就是他在一个微信群里认识的。饿了么的创始人张旭豪在寻找和筛选合伙人时，要求加入饿了么必须休

[①] 本部分对合伙人制度的定义参照了百度百科"合伙人制度"条目，详见：http://baike.baidu.com/link?url=6Iz30quBpz2P4xm2DPt3f_rAL8-OW9xCzK4b1asOrHKVLQn04shbYXDV9fi1UfZyfoqCm_BE3JIUuVQ7ZbONr_。

学,这样才能不给自己留后路,把创业这件事情干成。

虽然在对合伙人的具体标准上各位大咖要求不一,但普遍提到合伙人是一定要有创业能力,同时也要有创业心态的人。

◆ **合伙人也要有好聚好散的机制,亲兄弟,明算账**

虽然合伙人制度结束了创始人包打天下的时代,而让一帮志同道合的人同舟共济,共同打下江山。但有人的地方就有江湖,合伙人之间发生纷争甚至关系破裂的情况也不鲜见,以致对公司造成损失,甚至导致公司的消失。

除了谨慎挑选搭班子的人,找到对的合伙人之外,合伙人之间可以在创业最初就签订协议,约定股权的进入和退出机制,认真做好公司股权的架构。在合伙人的退出上,也开始出现一些温情的处理,如阿里的荣誉合伙人、万科的外部合伙人,都在合伙人退出组织后仍然保持与组织的情感纽带。

那些"名垂史册"的合伙人

新东方三驾马车:俞敏洪、王强、徐小平三位新东方合伙人是电影《中国合伙人》的原型,在电影热播之后更加广为人知晓。俞敏洪和王强 1980 年考入北京大学成为同学,与后来进校的徐小平产生交集。1993 年,俞敏洪创办新东方学校,1996 年徐小平和王强先后回国加入,三人被称为"新东方的三驾马车"。

腾讯五虎将:腾讯创办时的五位股东:CEO 马化腾、CIO 许晨晔、CTO 张志东、COO 曾李青以及 CAO 陈一丹,5 个人一起凑了 50 万创业。其中马化腾、张志东、徐晨晔和陈一丹是从中学到大学的校友,前三位甚至在深圳大学是一个系的。马化腾认为,这样更容易沟通,"可以相互吵架不记仇"。

携程四君子:1999 年 5 月,梁建章、季琦、沈南鹏、范敏共同创建了携程旅行网,人称"携程四君子"。四人按各自专长分工:季琦之前任职于民企,富有激情,善于开拓,任总裁;梁建章曾任 Oracle(甲骨文)中国区技术总监，精通管理，接受新事物的能力很强，任首席执行官；沈南鹏在国际知名的资本公司积累了丰富的经验，任首席财务官；范敏熟悉传统旅游业，任执行副总裁。

阿里十八罗汉：1999年，阿里巴巴创立时的十八位合伙人，共同出资50万元，作为阿里的启动资金，被称为"阿里十八罗汉"，包括现任阿里巴巴集团资深副总裁的金建杭、现任阿里巴巴董事局副主席的蔡崇信、现任阿里小微金融集团首席执行官的彭蕾、现任阿里巴巴集团资深副总裁吴泳铭、现任支付宝用户体验部的总监盛一飞、马云的妻子张瑛等。

◆ 对于合伙人制度，他们这么说

马云（阿里巴巴创始人）：怎样的制度创新才能实现我们的梦想呢？从2010年开始，集团开始在管理团队内部试运行"合伙人"制度，每年选拔新合伙人加入。合伙人作为公司的运营者、业务的建设者、文化的传承者，同时又是股东，最有可能坚持公司的使命和长期利益，为客户、员工和股东创造长期价值。

有别于绝大部分现行的合伙人制度，我们建立的不是一个利益集团，更不是为了更好地控制这家公司的权力机构，而是企业内在动力机制。

正如我们过去一直强调的那样，阿里巴巴并非是某一个或者某一群人的，它是一个生态化的社会企业。运营一个生态化的社会企业，不能简单依靠管理和流程，而越来越多的需要企业的共同文化和创新机制，以制度创新来推动组织升级。我们出台合伙人制度，正是希望通过公司运营实现使命传承，使阿里巴巴从一个有组织的商业公司，变成一个有生态思想的社会企业。①

周鸿祎（360创始人）：企业大了，员工容易丧失创始人精神。这点我的感受特别深刻。公司小的时候，即使是打工的，也会有责任心，会对事情负

---

① 马云内部邮件全文：合伙人制度是阿里的内在动力机制，虎嗅，2013-09-10，http://www.huxiu.com/article/20094/1.html。

责。但公司大了以后，为了降低风险，要引入管理流程，实际上把企业里的人际交往搞得非常复杂，最后你发现每个人都在做中间一小块事情，慢慢就没有人对全局负责了。大家会觉得这事不取决于我，就会丧失责任心，丧失推动力。每个人都不作为，合起来企业就会生病。所以，我要把员工变成我的合伙人，来医治一个越来越大的公司，而且在未来，大公司或许并不存在，只存在大平台和事业合伙人的自由连接。①

这些方面，创业时还要注意

◆ 不能发掘准确的市场需求

创业者最先注意的，一定要是消费者需求，并非自己的创意华丽到何等程度。如果不能准确发现市场需求，或市场需求量过低，只能满足小部分人群，初创企业容易因此难以为继。

◆ 过于重视盈利而轻视客户

创业初期，不能把收入看得太重，而因此忽视客户。原因在于只要有了忠诚客户，企业总有机会盈利。记住，为用户服务第一。

◆ 资金管理不善

初期阶段，创业者融资和财务管理能力欠缺。例如，融资技巧不足，难以获得投资；预算失误，或在经营企业过程中无法有效运用资金导致现金流断裂等，可能导致创业失败。

◆ 缺乏足够的信息

没有真正了解市场潜力，错误预估市场占有率，掌握竞争对手的信息过少，不清楚本企业的处境。还有一种情况是不熟悉现行法律法规或其他政策而碰壁。

---

① 周鸿祎：360在二次创业要把员工变成合伙人，腾讯科技，2015年08月29日，http://tech.qq.com/a/20150829/026646.htm。

◆ 错误的市场战略

表现在不能清楚估计竞争对手信息、低效的经营管理及市场推广策略失误等多方面。

◆ 股权结构缺陷

有许多初次创业的创业者,没有站在股东+管理层角度来运营一个公司,只是从一个创意或产品起家,在合伙人之间的相处经验是零。如果股权结构存在缺陷,并且存在许多隐名股东、干股等特殊股权,这些不确定因素会加剧企业运作的风险,与合伙人或投资人在股权分配上会产生各种利益冲突,可能导致日后利益无法合理分配,影响企业的发展。

PART2 投资人说

找钱

红杉中国基金创始人**沈南鹏**：
创业者要有企业家精神和反木桶思维

沈南鹏

沈南鹏是投资界的明星，眼光准，颜值高，着装一丝不苟，头发一丝不乱，公共形象几近完美。虽然他看似温文尔雅，不过一向话糙理不糙的周鸿祎却谈道，"他是这样一个饥饿的人，他看到项目就像闻到了血腥味的狼一样，或者像鲨鱼闻到血腥味一样，他听到一点风声就会去拼抢，会去追踪，是一个非常积极的人"，并对他的努力和勤奋表示肯定。

◎"对于一个创业企业而言，企业家能力与企业家精神都重要，如果在企业家能力和企业家精神之间作选择，我认为企业家精神最重要。"

红杉资本的投资成功秘诀曾被人形容为买赛道，沈南鹏认为这个解读不完全正确。与行业比起来，在投资上沈南鹏更看重创始人和团队，所以在赛道和赛车手之间，绝对是赛车手更关键，况且一名真正优秀的赛车手，会主动规避狭窄赛道。"所以归根结底，最重要的是人。"

对于人的衡量就体现在企业家能力和企业家精神两个维度，尤其是后者，"对于一个创业企业而言，企业家能力与企业家精神都重要，如果在企业家能力和企业家精神之间作选择，我认为企业家精神最重要，其次才是企业家能力。只有企业家精神才能保证方向正确和正能量；只有企业家精神才能让企业家能力得到正确发挥，否则才能就可能被滥用"。

企业家精神主要体现在两点：首先，在创业的价值观上，创始人和团队身怀理想，所做的事情是对社会有价值和有贡献的，"一个有长期抱负的企业，在具体执行上会反映出来"。其次，在创业的动机上，真正的创业者是为了梦想而创业，而不是为了上市和挣钱，"梦想是很多成功创业家背后的根本动因。一个纯真的愿望，往往推动了很多伟大公司诞生"。沈南鹏说："我们更欣赏的创业动机是希望创造一种产品和服务满足某种需求，解决某个问题，其动力源自好奇心和使命感。判断创业者、企业家时不仅要看能力、看技巧，还要看他（她）是否具备正能量。"

◎ **"很多人应该都听说过'木桶理论'，但创新企业和传统企业在有些方面的逻辑和规律是不一样的，创业者更应该具有'反木桶思维'。"**

沈南鹏提出初创企业需要有反木桶的思维，精力不应该放在提高自己的短板上，而是应该专注于提高自己的核心竞争力，有自己的"独门武功"。"在企业初创期，每个'一把手'都不可能是完美的。木桶理论说的是不能有短板，但我更认可反木桶理论，初创期企业往往是反木桶理论起作用。不管'一把手'还是团队，不可能什么都强。与其全才，不如专才。每个早期企业都需要独门的杀手锏才能脱颖而出。即便队员能力都不错，但没有巨大亮点，作为

初创期企业反而可能没有机会。'一把手'要有独门武功,这独门武功因行业而异。"

尤其是现在,面对行业巨头百度、阿里、腾讯等几乎不可被撼动的地位,沈南鹏认为创业团队早期具有"反木桶思维",寻找差异化生存,是在市场中求得一席之地并逐渐实现发展壮大的有效途径。"初创型的企业,只需要在某一个领域中做到极致,就可以因为这一个点而迅速壮大,成为这个领域中的明星企业。"反之,初创企业如果开始就想做得面面俱到,失败的几率会很大。"面对一个早期企业,如果我们要求它每一个方面都很强大,最后往往会扼杀这个企业起步和成长的可能性。早期企业需要的是专注,而早期创业者就应该把你的优点尽可能发挥出来。"

沈南鹏还指出,对于初创企业而言,打造一个好的团队文化,也是早期企业核心竞争力的一部分。因为受成本所限,初创企业在薪水上无法和大公司竞争,那么团队文化就尤为关键。"如果大家来就看到了一个薪水,你可能付不起跟跨国公司那样的薪水;大家也知道期权很大程度上是一个远期的合约,是将来的希望。这个时候我感觉在钱和期权以外,还有一个很重要的就是你的管理理念,还有你作为创业者的开放心态和对创业的态度。这样的行为,尤其在一个小公司的范围里,会极大地影响到你周围的人。"

沈南鹏 看创业动机

创业者要想成就自己的一份财富,首先要考虑做的事业能够对这个社会产生一定的正面效应。这种原始驱动力,我认为是创业者非常重要的一个方向性的把握。这也是企业家长期持久的发展动力。

晨兴中国 TMT 基金刘芹：
创业者要具备杀手气质和传教士能力

刘芹

刘芹提到自己不愿带着投资光环，更愿意定位自己是热爱投资的投资人。"我与创业者是平等的，作为投资人不应该是一种居高临下的感觉。"他很敬佩创业者，对他们抱有理解和尊重，知晓他们承担着压力的孤独，也明白创业者最需要的外在帮助其实就是认同。因此，如果投资界也有"暖男"，刘芹当之无愧。

◎ "创业者应该有杀手气质和传教士能力。"

刘芹在投资时更看重优秀的创业者，对于创业者的能力要求，他有形象的比喻："创业者要具备两个核心能力：一个叫以身作则的犀利杀手气质；另一个是你有传教士能力，能聚一帮牛人。"

创业者要具备杀手气质，是指公司发展中遇到困难和挑战时，创业者需要能随时提刀上阵，"解决公司业务发展中的短板，就跟打仗一样，你要拿下这个山头，就要有在百万军中取上将首级的能力"。创业者要有时刻能冲上前线的胆量和独当一面的魄力，"你得不停地变，缺什么都能自己顶上，也许不一定能做得最好，但你要有从 0 到 1 解决短板的能力，虽然你不专业，但你永远是那个冲在第一线的"。

杀手气质类似个人英雄色彩，传教士能力则偏向于领导力。创业者个人优秀还不够，还需要组建起一支优秀的团队。"传教士是什么？就是深入思考和能影响到什么样优秀的人跟你一起的能力。"正所谓"三人行，必有我师"，

优秀的创业团队必不可少。"实际上'三人行，必有我师'里面最关键的是：你跟谁在一起往前走。在早期的时候，我们一般谈创业都说，多看看你的团队——你的团队的执行力。"所以在创业上，"你要尽可能地找到你能够得到的最优秀的，而且优秀程度决定了你团队有多优秀。而不是你如果足够优秀，你要找比你差的，这是很多创业者愿意去找一些容易被说服的比较普通的人的误区"。

那么，如何才能培养自己的领导力，吸引那些优秀的人？简单说来，"领导力来源于不偏不倚的自我认知、空杯心态和守正出奇"。创业者要能做到公正与公平，有不偏不倚的自我认知，有谦虚坦荡的空杯心态，"对于一些优秀的团队，最好的管理是不管理。不管理的意思是说让他们变成自我驱动的团队，每个人都能很好地管理自己"；"守正出奇"尤其是互联网创业公司值得注意，虽然互联网总是在颠覆与创新，但核心"最重要的一点是做产品，而不要做生意。不要只做流量的转换收入，而不做核心用户价值。好的公司都是能够创造真正的长期价值"。

◎ **"我们在选择投资机会的时候，更看重优秀的创业者，除此之外还会考虑三个关键问题：这事儿是不是足够大；是不是抓住了一个正确时机，切入到一个趋势性的机会；这个公司长期来说能不能形成护城河效应。"**

在创业者和创业团队达标的情况下，创业仍然需要面对一系列值得思考的问题。对于刘芹来说，创业时做的事情是不是够大、时机把握是否合适、公司是否有长期发展潜质，这是三个关键的问题。

"第一个关键问题是这事儿是不是足够大，如果今天创业，你选择这个方向，应该问问自己，有没有发展空间，同时你有没有野心。"刘芹认为，对创始人来说，不管企业大小，要把企业做起来，所投入的时间和精力是一样的，面临的问题和痛苦也一样，所以不如选择大的机会。"第二个问题，是不是抓住了一个正确时机,切入到一个趋势性的机会?时机比选择方向更难,踩对点非常重要。"时机太早市场机会还没出现,时机太晚竞争太激烈,所以"最好领先 0.5 步"。"最后一个关键问题,是否能够可持续发展,长期下来能形成竞争壁垒",好的公司和好的商业模式是可以实现可持续发展的,随着时间的推移,竞争壁垒会越来越高,护城河会越来越强。

因此,在面对创业的这三个核心问题时,创业者也要自问三个哲学问题:"我是谁?我从哪来?我向哪去?这三个问题对创业公司其实是非常关键的问题。"刘芹曾提过,天道不一定酬勤,深度思考比勤奋工作更重要,所以对于创业者而言,在创业初期及创业过程中,不断理解自身、理解之前公司成功的原因,判断创业的趋势环境。用他的原话说:"深度思考要比你的勤奋更重要!只是绝大部分的机遇只是被动地被利用起来,而少部分创业者是主动地去判断和捕捉机会。"

刘芹 解读创业者的"传教士能力"

你身边聚一群什么样的人,基本就能衡量你的理念。如果你下面的人,每个都是很有想法的人,那一定是你的想法比他们都大,能把他们震住,你就能取得 1+1 大于 2 极大的成功。

北极光风险投资公司创始人邓锋：
投资要看创始人的学习能力和价值观

邓锋

邓锋的创业之旅从在清华大学读研时就开始了，他租了三间房，接中关村的项目，比如电脑照相等。1990年，他每月的收入有七八千元，相当于全家其他人工资总和的十五倍，并有了"清华首富"之绰号。在硅谷时，邓锋和两位好友一手创办了公司Netscreen，在美国创造了40亿美元的并购神话，邓锋也被评为"硅谷最成功的5位华人企业家之一"。2005年，他与人共同创建了北极光风险投资公司，已成功投资展讯通信、汉庭酒店、艾诺威科技等。

◎"大家创业其实开始基本都差不多。最后需要比什么？比的不是别的，就是你的学习能力。"

邓锋谈到自己投资主要关注三点："人和团队、事儿、创新。"后两者自不必说，创业者需要找到有潜力做大的市场，用创新制造竞争壁垒，实现可持续发展。

和很多投资者一样，邓锋认为创始人的个人能力至关重要，除了创始人的激情、经验、技术等因素，邓锋多次提及创始人的学习能力。"大家创业其实开始基本都差不多。最后需要比什么？比的不是别的，就是你的学习能力。"

"怎么判断一个人的学习能力？比如一个人不论做什么工作都能在短期内做到比较优秀，这样的人就是能力比较强。"如今，随着科学技术的迅速发展，社会变化越来越快，知识和技术的更新速度也很快，这时非常考验创始人的学习能力。邓锋以自己为例，"当年我从清华毕业的时候，连'网络防火墙'这个词都没有听过，更不要说自己会去创办企业专门研制它了。而十多年后我创办 NetScreen，从头开始研发全球最先进的网络安全防火墙，靠的就是持续不断地学习"。

"你只要比公司成长得快，公司一个人你管十个人，公司三十个人你管一百人，只要你成长得快，你的团队成长得快，你的团队成长得快，你的公司就可以比别人做得快。"领导力的学习是创业者学习能力的重要部分，尤其值得创业者们关注。邓锋提到，很多时候对年轻创业者而言，最大的挑战不是如何做好一个产品，而是如何带领和管理一个团队。解决之道在于创业者要加强自身修炼，"要培养自己，要想各种各样的方法"，领导力不是与生俱来的，也不是一蹴而就的，需要创业者在创业路上长期学习。

◎ "很多人的商业准则是，合作中我一定要谈到最好的条件，什么事情都是我方得大头，对方得小头。这样做的结果是，你传播的是一种错误的社会价值观。"

邓锋重视西方企业家精神，并深受硅谷文化影响。当初卖掉在美国一手创办的 NetScreen 时，很多人感到不解。邓锋坦言，自己对公司感情很深厚，卖掉它非常难受，"但要对自己的股东和员工负责，必须为他们考虑，使他们的利益最大化。我们卖企业不是因为企业不好，而是在最高点卖的，对方给我们的出价比股票市值高出 60%。不能说公司专属于你，这就是硅谷的企业文化，在这里，分享很重要"。

回国后，对中国的商业环境和商业文化，邓锋曾有过水土不服。他毫不讳言，中国创业者很容易忽略掉对商业文化准则和商业契约的尊重，很多创业者缺乏责任感，这正表明企业家精神的缺乏。邓锋提到，创业需要责任感，要对多方面负责，对自己、家人、员工等。对创始人责任感的考察，是邓锋判断

 找钱

投资与否的重要部分。

与商业伙伴的关系,也能体现出创业者的秉性和价值观。"很多人的商业准则是,合作中我一定要谈到最好的条件,什么事情都是我方得大头,对方得小头。这样做的结果是,你传播的是一种错误的社会价值观,你不是在创造整个社会财富的更大化,你只是以损害你商业伙伴的利益来达到自己的利益最大化。我的观点是,对于商业伙伴,你不能以一种敌视的角度来看,一定要着眼于长远,创造双赢。"直到现在,邓锋依然坚决不投"把自己利益放在别人利益之上的自私的人"。

邓锋 谈学习能力

（学习能力是）你的快速迭代,自己从别人的错误中学习,然后改变自己,不光是一件事,包括自己做人方面和性格方面,还要看你的学习速度怎样。

信中利国际控股有限公司创始人**汪潮涌**：
我们要求创始人和团队要具备 4P

汪潮涌

汪潮涌被称为投资界的"黄药师"，一方面是因为他在投资上功力非凡、禀赋极高；另一方面是因为他爱吹笛吟诗，生活方式风流文雅。不过，与黄药师的放浪形骸相比，汪潮涌却斯文、理性而冷静，这种性格与他的投资生涯相互促进，使其在投资上渐臻化境。

◎ "30 年前当我们离开校园时，国家处于改革发展阶段，处处需要管理人才，而现在新一代的年轻人面临的机会是创新和创业。"

汪潮涌提到与巴菲特在北京会面对他的触动，那时他还在摩根大通就职。"'年轻人，相信中国会有巨大的盈利，要相信你自己的国家。'巴菲特这句醍醐灌顶的话深深地震撼了我，也在我心里埋下了创业的种子。"1999 年，汪潮涌在国内注册成立了信中利公司，意为"相信中国就会盈利"，专司投资银行和融资顾问业务，主要的对象是民营高科技企业。他认为："别看这些民营企业今天小模小样，未来它们可是新经济的中坚。"果然，汪潮涌投资的百度、阿里巴巴、华谊兄弟等大获成功，造就了一批我们现如今奉为榜样的企业。

虽然目前创业竞争激烈，不过汪潮涌认为整个社会对创业的鼓励、扶持、支持及对创业失败的容忍度大大增加，"国家在思考如何走出目前的困境，如何通过基准改革来解决严峻的挑战。其中一个最值得大家期待的，也值得大家投身的是为了配合中国经济转型升级提出的创新与创业"。

◎ "我们投资领域集中在三高、三大和三新产业,我们要求创始人和团队要具备 4P。"

在投资领域,汪潮涌谈道:"未来我们的投资标准是:三高、三大、三新。三高指高科技、高端制造、高品质服务和消费;三大指大文化、大健康、大环保;三新指新能源、新材料、新模式。"

汪潮涌对时下的移动互联网企业也颇为关注:"移动互联网的企业基本上有几个特点:第一是快捷,第二是便宜,第三是共享,第四是有海量的用户。快捷,其实就是解决现在所谓的'懒人经济',很多 90 后出门洗衣服不愿意去拿,点了餐不愿意去拿;共享,很多 80 后、90 后啃老族买了车,但这个车不是每天都开,他需要把它租出去,那就通过 P2P 的方式,用手机一摇就知道今天谁要租车;还有'秀美甲',女生中午吃饭或是午休时,一摇,美甲师就拎着箱子过来帮你解决每个月做两次指甲的刚需。这些 P2P 都能够提高效率、提供便捷、降低成本,这些都是未来创新的企业家的一些支撑力。"

在对创始人和创始团队的要求上,汪潮涌进行了详细解释:"我们在寻找投资的时候,特别看重创业者的几个特色,我们叫作四个 P:第一个是 Passion(创业激情),很多创业者进入新的领域创业时,会兴奋得晚上睡不着觉,有强大的创业激情支撑着他;第二个是 Persistence(坚持),很多创业者有三分钟热情的毛病,碰到挫折后打退堂鼓,可成功的企业都是坚持了十几年;第三个是 Previous Experience(过往的经验),我们更愿意找有相关经验的创业团队,过往的经验是创业者很重要的一笔财富,也大大降低了创业的风险;第四个是 Profit(利润),创业者无论选择什么样的创业模式,一定要创造利润,这种利润是由资本、团队的力量和创业者作为企业的灵魂人物的坚定和坚持带来的。"

汪潮涌将马云作为 4P 理论的典型例子:马云有"激情",要做全球最大的互联网企业;马云能"坚持",从 1996 年开始创业一直发展到现在;马云有"过往经验",在创建阿里巴巴时他在北京商务部下的一个商务中心送黄页;

马云也创造了巨额"利润","阿里巴巴有十二年不赚钱,一赚钱第一年是70亿,第二年是180亿,第三年是360亿"。

◎ "男人会为信念去做意想不到的事情。"

尽管在投资上以冷静和理性著称,汪潮涌并非一心"唯利是投",而是希望自己能从商业企业家转变成社会企业家。"作为一个有社会责任感的企业家,你可以选择不去投,比如有污染、食品安全问题的东西。黄赌毒,要选择不去做,当然如果有多余的财富,要去帮助别人,对社会做一些公益性的事情。"为此,他在家乡设立了李时珍奖学金,给学校捐微型图书馆和电脑房,做李时珍健康产业,解决当地人口的就业问题。

2005年,汪潮涌投资组建了"中国之队",参加美洲杯帆船赛,这一举动意义非凡,使得美洲杯帆船赛150年历史上第一次出现中国人的身影。此举震动海内外,被西方媒体誉为"中国海洋文化的复兴和企业家的精神追求"。这个每年耗资数亿美元的项目并不纯粹是商业行为,而在于其社会价值和影响力。这个决定的做出基于汪潮涌的情怀,出于他对帆船运动的热爱。对此,汪潮涌的解释是:"男人会为信念去做意想不到的事情。"

> **创业家**
> **有话说**
>
> **汪潮涌** 对企业家的要求
>
> 我们选企业家的时候也有我们的标准,首先他是有创业的激情,有理想,有抱负。而不是说我很快就想赚一笔快钱,这种急于求成的企业家,我们不喜欢,而且他往往失败的概率会大很多。

IDG 全球常务副总裁兼亚洲区总裁熊晓鸽：
移动互联网时代 90 后创业大有优势

熊晓鸽

虽然已经成功投资了搜狐等多家行业内领头企业，但这不足以实现熊晓鸽的抱负。他不止一次说过，投资一家牛逼企业会有极大快感。如今，熊晓鸽将注意力放在 90 后身上，为了更好地了解这批"小朋友"，他经常和 90 后泡在一起，打羽毛球、唱歌、聊天，并自信地认为自己在唱歌方面比他们强。由于熊晓鸽的平易近人和娃娃脸，很多 90 后认为他"很萌"。之所以要和 90 后们拉近关系，是因为熊晓鸽认为，移动互联网时代的到来，也是 90 后出来打天下时代的到来。

◎ "移动互联网带给我们很多机会，也降低了我们创业的成本。很多人问我创业从哪里做起？我说借助于手机，你想做成的事都可以做成。在移动互联网时代，90 后创业者有一些年龄赋予的优势。"

早在 2005 年，熊晓鸽团队就认为移动互联网会是中国的下一个热点。如今，他更是反复地提及移动互联网的广大市场，"在中国的投资未来是移动互联网"。移动互联网爆发时期的创业有很多优势，很多基础教育及建设已经被行业巨头百度、阿里巴巴和腾讯所完成，创业没有那么艰难，并且移动互联网对传统行业的改造，也带来非常多的商业模式和创业机会。

移动互联网时代，创新创业又和过往有了显著区别："移动互联技术是常用的人才熟悉它，个人的体验变得非常重要。而它的东西很新，所以又不像过去常规的投资。其实对移动互联网来说，没那么多虚的。过去我们谈创新，有技术上的创新、商业模式上的创新。那么移动互联网时代，创意比这个更重要，因为移动互联网技术在潜移默化地改变人们的思维习惯。"

对移动互联网使用最多、深受移动互联网影响的90后们，就很被熊晓鸽看好。他谈道："在移动互联网的时代，90后创业者有一些年龄赋予的优势。他们在求学的时候，平时生活中接触是最多的，也有很多很好的想法，能够通过移动互联网的技术平台来实现。而且他们确实有一些想法，说实话我经常看半天还没看懂，一直在跟他们学习。"

不过，90后虽然在移动互联网时代有先天的创业优势，但创业者也需要具备其他素质。"任何年代的投资，对人的判断都是第一位的，这又不是光靠理性衡量就能实现的。我觉得判断'90后'创业者，除了他们的执行能力及应变能力外，最重要的衡量标准还是学习能力，这在移动互联网时代尤其重要。因为刚刚说的，其中很多细分领域的商业模式都还有待验证，创业者需要不断学习、不断尝试。"此外，熊晓鸽也认为要想创业获得成功，90后创业者们在抗压性、领导力、吃苦耐劳和为人处世上，仍然需要多多地加以磨练。

◎ "对创业者来说，风投的角色就像教练和朋友。"

熊晓鸽认为，投资者和创业者是一种合作关系，双方是相互选择的过程。很多90后选择IDG的原因是因为相对于其他风投，IDG来钱快且能提供更多的增值服务，例如在创业上给予指导等。IDG在选择投资项目时，也会考虑对方的发展空间、创业者的素质等。

对于早期创业者而言，熊晓鸽认为风投应该像教练和朋友。一方面投资者根据自己积累的经验为创业者提供指导，使之避免犯同样的错误，扮好教练的角色；另一方面，投资者有时又要成为创业者的朋友和心理咨询师，为其疏导负面情绪。"其实创业者也是很孤独的，因为对他来讲必须认为未来会成

功,但其实有时也会心虚,却不能和团队的人说,这个时候需要有人给他鼓鼓劲。"

熊晓鸽希望社会能够加强对创业失败的包容,这点中国可以借鉴美国的做法。在美国,项目失败后,如果创业者能够清楚错在哪里,投资者仍然可以理解,并且还会支持他的新项目。"只要创业者努力去做了,没有对不起投资人也没有对不起团队,还是应该理解。所以对失败的包容,还有从失败中学习,这是我们未来需要加强的方面。"

熊晓鸽 对投资者和创业者关系定义

作为一个企业来讲,投资人和被投资人并不是一个博弈的关系,而完全是一个合作的关系。做人不能太计较,在商业上太计较的人根本没办法组成团队,投资人与他沟通也很费劲。

软银亚洲信息基础投资基金 CEO 阎焱：
投资人和创业者不一定是朋友

阎焱

在创业热这一大环境下，对于蠢蠢欲动的年轻创业者们，前辈们或是积极鼓励，或是温情告诫。阎焱却是犀利吐槽，大展毒舌特性："90%以上的创业都会失败，这是一个真实的情况"；"现在是钱多人傻，一个最容易失败的年代"；"媒体喜欢讲'90后'，但年轻人喊口号的多，坚持下来的少"；"每个人先别把爸妈赚了30年的钱给糟蹋了"……这些话成了浇向创业者的一瓢又一瓢的冷水。然而，良药苦口，忠言逆耳，阎焱并非出于恶意，而是希望一腔热血且又年轻稚嫩的创业者们能更加冷静理性，对创业风险和艰难做好心理准备，在创业的路上能够坚持更久。

◎ "在创业企业早期当中过早强调团队，对企业带来的结果往往是灾难性的。因此，对于创业企业来说，一个好的领袖是最重要的东西。"

阎焱谈到，对创始人的考量是天使投资中最重要的因素，也是最难把握的因素。在创业早期，创始人比团队重要，"对于创业企业来说，一个好的领袖是最重要的东西"。

好的领袖，首先是一个聪明人，具备很强的学习能力、逻辑性、思维跳跃能力和好奇心；还要具备同理心，不仅能换位思考，还能站在别人的角度做出决策，这是不同背景和不同性格领导人的共性；更需要很强的执行力，思考

和执行能合二为一；也需要具有号召力，具有人格魅力，能影响团队。当然，领导者的人品也很重要，"必须是个好人，能力强弱是你的判断，有些人看起来挺慈厚的，没什么能力，但没想到在关键时候挺咬得住的。重要的一点，就是这个人的人品一定要正，基本上心术不太正的人，他可能会赚一点钱，但永远赚不了大钱"。

阎焱认为在高尔夫球场上更能看出一个人的性格。他举例说，比如有的人打高尔夫不认真，喜欢动球，说明这个人性格有点小问题；有的人具有竞争性，会特别在乎每一杆；有的人打不好老喜欢把责任推给别人，这个人可能就不是特别能承担……见微可知著。

在创业者的年龄上，阎焱认为不能简单地断定年轻人创业就一定好，年纪大了就不好，"创业跟年龄层没有直接关系，关键在于是不是坚持"。大体来说，男人最好的创业年龄是 30 岁以后，因为有了一定的工作经验，创业成功的几率会更大。

◎ "投资者和创业者不一定是朋友，而是作为商业的拍档关系。"

投资人是创业者的伙伴、教练、朋友、拉拉队、心理医生……相比其他投资者定义的温情友好的关系，阎焱的视角理性得近乎冷酷："作为职业投资人，这就是一种商业上的伙伴关系，不一定要成为哥们或者朋友。"

这并非出于冷血，而是基于企业长期发展的考虑。"作为好的投资人，商业上的搭档很多时候是通过制度化的关系来管理的，通过利益上的分配和法律上的定位来解决。这是最能持久的，哥们义气在创业早期有用，但企业越做越大，尤其是向世界市场靠近，这个结果是很悲惨的。"

阎焱认为，创业者和投资者之间的区别正好可以让双方互补。创业者相对年轻、激情、缺乏经验、干劲十足、理想主义，而投资者却相对老成、稳重、经验丰富、现实和理性。并且，创业者和投资者的根本利益是一致的，他们本来就是成功的拍档，对于创业者而言，"一个好的投资人给创业者带来的绝不仅仅是钱,更重要的是现代企业制度化的管理机制,它是一个企业成功的重要制度保证"。当然,他们之间也可能出现利益冲突,不过这并不值得大惊小怪,"冲突的调和与解决正是一个创业企业健康成长的重要动力,也是保证创业不犯大错,最终成功的重要过程"。

> **创业家有话说**
>
> **阎焱** 谈领导者
>
> 　　过早强调团队其实给企业造成很多负面作用。从职业投资人来看,我们更在意创业期的领袖,你的想法,你的对市场的理解,你的公司的激励体制。

高瓴资本集团创始人张磊：
寻找具有伟大格局观的坚定实践者

张磊

成功的男人背后不止是默默付出的女人，还有慧眼识珠、惺惺相惜、尽力扶助的男人，张磊，就是那个常被媒体称为"京东 CEO 刘强东背后的男人"。当初刘强东找到张磊时，融资需求只有 7500 万美元，但霸道总裁张磊却非要投 3 亿美金，否则就一分也不投，这是国内早期互联网企业投资中单笔投资量最大的案子之一，高瓴资本一度被人取笑"钱多人傻"。但事实证明，张磊并不傻，更不是有钱任性，而是颇具长远、独到的投资眼光。

◎"我要做企业的超长期合伙人，这是我的信念，我要找的是具有伟大格局观的坚定实践者。"

张磊有的投资理念听起来浪漫而深情——"弱水三千，但取一瓢"，"我要做企业的超长期合伙人，这是我的理念和信仰"。在这种投资理念下，张磊认为投资公司，其实就是找对人，找到那茫茫人海中具有伟大格局观的坚定实践者。他反复强调对创业者的要求："这个人能不能既有格局观，又有执行力，还有很深的对变化的敏感，以及对事物本质的理解。"这种人并不多，"特别少的人、特别少的公司能够有这个格局、执行力，能够把公司愿景推到那么高的高度"。

在张磊心中，这类人的杰出代表就是去哪儿网的创始人庄辰超和蓝月亮的创始人罗秋平。庄辰超有很强的学习能力和对事物的洞察力，他的人生梦想是做成中国最大的旅游搜索平台，能够在关键时候把控股权卖给百度，就说明了他伟大的格局观。罗秋平为了抓住中国消费升级的趋势，将蓝月亮改做洗衣液，此举风险极大，本来盈利的公司也因此变成了亏损，但罗秋平眼光长远，他的创业梦想是成为中国日化的第一名，打败跨国公司，因此他忍受短期的亏损，他的格局观也给蓝月亮的未来开辟了一个新天地。

在张磊看来，创业者要心怀梦想，"创业者有梦想，跟我们的理念完全一致，大家在一起才能做出一番事业"；要目光长远，"目光长远、想做大事且有大局观的企业家跟我们本身就很容易契合，而看重小利、玩零和游戏的人跟我们不太适合，走不到一起，对我们来讲反而省了很多功夫"。

◎ "创业者可以去学朱元璋的那一套：广积粮、深挖墙、缓称王。"

张磊认为，创业者可以学习明太祖朱元璋的成功之道：广积粮、深挖墙、缓称王，保持踏实谦虚的心态，切忌有了一点成功就张扬骄傲。

尤其是"深挖墙"被张磊反复强调，这也是巴菲特所指的"护城河"理论。张磊区别了虚假的"护城河"和真正的"护城河"，前者是政府保护类型的，不堪一击，非常脆弱，随时都有崩溃倾倒的可能，而"'真正的护城河'是长期创造最大价值的，而且用最高效的方式和最低的成本创造最大价值"。

"护城河"会随时代和环境的变化而变化。比如美国20世纪50年代，品牌就是最大"护城河"，最能给企业创造价值。而随着互联网时代的到来，品牌这一"护城河"未必再有曾经的高价值，因此需要具有伟大格局观的企业家和实践者，能随时根据时代和现实的变化，不断地调整自己的"护城河"，用最高效的方式和最低的成本创造出最大的价值。"优秀的公司在互联网大潮袭来时，能够深挖自己的'护城河'，主动拥抱互联网带来的变化。"

变化是永恒的，企业不可能亘古不变。创业者必须根据变化不断做出反应，调整自己的"护城河"——"创业家每天早上起来，都应该问自己，我的'护城河'在哪里，自己每天的工作是在增强'护城河'，还是在消耗'护城河'"。

 找钱

◎ "投资者和创业者之间的关系就像夫妻,第一点要诚实,第二点要坚持。"

张磊将投资者和创业者的关系比喻成夫妻,首先就是要诚实,其次是坚持。他谈道:"投资人和创业者接触时,能不能保持住一种美满婚姻当中第一点要素,就是非常的诚实。开诚布公,把双方的缺点、优点、生活习惯都搞清楚了。我最讨厌被惊喜,我们所见即所得吧,这是最重要的,因为我真的没有时间玩游戏。"

张磊当初之所以认定刘强东,正因为对方的"真实"。"当时,大部分的人搞电商可能都跟资本市场学到几句话,比如轻资产模型,每个人都说自己是轻资产的商业模式。但是轻资产模式已经被淘宝、阿里做到极致了,没什么太大的机会。我们是想找重资产的企业,有人是真的在做这种事,但做的人都不好意思说自己是这么做的。只有刘强东很认真地跟我们讲想做这事。我觉得还挺好,一拍即合。"

刘强东如此坦诚相告,张磊也做到不离不弃。面对京东连续八年亏损,张磊表示在意料之中,对于看好了的企业和模式,投资方就应该坚持下去。"京东其他的投资人跟我们本质一样,都不会因为今天资本市场波动、明天媒体唱衰就很紧张,前几大投资人个个都在追加投资,我们真的相信这个事儿在改变中国。"

张磊 的"护城河"理念

这个世界永恒的只有变化,"护城河"也不可能不变,优秀的公司是当互联网大潮袭来时,能够深挖自己的"护城河",主动拥抱互联网带来的变化。

赛伯乐创始人**朱敏**：
天使也会看走眼，创业者要懂得坚持和聪明转弯

朱敏

朱敏在宁波郊区插队做了7年农民，上大学时读拖拉机设计与制造专业，十足地接地气。然而，命运充满了传奇逆转：研究生毕业后，朱敏考上斯坦福大学的博士研究生，便"带着农民的味道匆忙到美国去"。那一年，他36岁。之后，他的人生就此一路顺利下去，斯坦福学霸、硅谷总裁、天使投资人，一系列闪闪发光的身份接踵而至。朱敏曾笑称自己看起来"和路边卖西瓜的老头没什么两样"，但如此大落大起、丰富复杂的人生经历和由此积累的人生智慧与创业经验，使他绝不仅仅只是个一脸慈祥的"朱大爷"。

◎ **"硅谷成功的最重要原因在有创业精神，创业精神包括两点：一是要有伟大的理想，二是要有共享精神。"**

朱敏认为，硅谷最重要的成功原因，不在于聚集的人才和完善的投资制度，而在于其创业精神，那里尊重并推崇创业氛围。"在硅谷，对一个人的评价和认可是基于你有没有创业。如果你在一个大企业做高管，那会被人看不起；如果是在创业，就会得到钦佩；而如果创业成功，不管你长得有多丑、英语讲得多烂，都会受人尊敬。"

在朱敏看来，创业精神包括两点：一是要有伟大的理想，二是需要共享文化。创业者是需要有梦想的，梦想才是创业者在创业过程中持久且强大的动力，而不是赚钱本身。"我在硅谷见得太多了。很多创业者40多岁了从位

子上退下来,拿到大笔的金钱,但是头发一夜之间就全白了,整天东想西想。因为他的梦想就是赚钱,小梦实现了,没得干了。光想着赚钱的人不会成功的。"梦想也是创业团队和平共赢的基础,"要有个远大的理想,大家都为了这个梦而来的,他会抛弃小的东西,因为有这个梦,为了实现这个梦,大家都愿意牺牲"。共享文化则是团队之间要相互合作,利益分配要均衡,否则"如果一个公司有3个创始人,很容易就会变成3个公司,有3个老大"。

朱敏自己也在积极践行这两条原则,他开玩笑说太太当初嫁给他不是因为他漂亮,而是因为他有梦想,现在自己心态依然好也是因为自己在继续做事,继续奋斗——"人的快乐是在奋斗,不是在享乐。人要有个梦想,梦想才是快乐的核心。你要始终活在梦里,要让自己开心。"而与太太合作创业,与合伙人苏布拉的友谊,则是在践行创业的共享文化。

◎ **"不要认为特别大腕的天使投资人拒绝你,你感觉很伤心,大腕说你不行并不是说你真的不行,创业者最大的优点是坚持,认准方向坚持下来,学会聪明地转弯。"**

朱敏曾谈到,很多创业成功的人都是不喜欢跟着规则和趋势走的人,而是喜欢"反抗趋势",创业家们喜欢与众不同。他鼓励创业者进行独立思考,不要全听照搬他的话,"我的话讲的时候,有的话适合今天,有的话适合明天和后天,有的话根本不适合"。他甚至说喜欢不听他话的孩子,因为很多看似听话的人,其实并没有做到真正地理解他的话,而常常是断章取义。

天使投资人的指导和态度固然重要,但创业者也没有必要完全听从,或者因为被天使投资人否定而灰心丧气,创业者可以保留自己的思考和判断。朱敏提到,天使也常常有看走眼的时候,自己也曾经错失360和1号店的机会,所以创业者如果被大腕拒绝了,不要就对自己的项目灰心,而应该坚持,努力把事情做下去。

朱敏将创业比作一所学校,"只要自己不申请退学,就会有希望毕业"。创业是一件艰难的事情，创业的过程就是做一件很多人认为不可能的事情，要取得成就就得坚持到最后。"我认识很多所谓竞争对手不是被你打败的，而是他们不能坚持住倒下来了，最后你坚持在那边，最后就成功了。"在朱敏看来，创业不是投机，创业需要几十年的时光去拼搏。

创业家有话说

朱敏 的"雪球理论"

创业的过程感觉就像"滚雪球爬山"，一开始是上坡，滚得很辛苦，好不容易到了山顶，开始下山时，就愈滚愈大，愈滚愈轻松，咕噜咕噜滚下来。表面上看起来是创业家自己在滚，其实这时候别人也会加入帮你一起滚，创业家不必使力，雪球会自然愈滚愈大。重要的是，创业家可不可以撑到山顶的那一天？

创业知识汇

创业的不同阶段，选择不同的投资形式来呵护成长[①]

公司的不同发展阶段寻找着不同的投资形式，一般而言，从初创到稳定成长期，一个公司大致需要三轮投资。第一轮投资大多是天使投资，作为公司的启动资金，天使投资多来源于个人，是个体行为；第二轮投资来自于风险投资机构，推动产品的大规模推广和市场化，风险投资是企业行为；最后一轮来自于大型风险投资机构或私募基金，作为上市前的融资。如果将公司比喻成学生的话，天使投资者培育的是萌芽阶段的小学生，风险投资机构青睐中学生，而私募股权投资则着眼于大学生。或者将公司比喻成小苗，天使投资是在"种子期"，呵护发芽，风险投资则在"成长期"，帮助成长，而私募股权投资则在"成熟期"，促成成熟。

◆ **天使投资在创业的"种子期"**

天使投资（Angel Investment）是由个人出资，协助还处于有创业想法和理念的创业者或者小型初创企业，是风险投资的一种特殊形式。天使投资人多为创业者的亲戚、朋友、商业伙伴等，不一定是专门的投资者和高收入者，而且多出于对创始者个人的认可而投资。

[①] 本部分内容参考了《"解析天使、VC、PE、IPO投融资逻辑创业者你Get了吗？"》一文，凤凰科技，2015年09月09日。

天使投资的数额较少，可能只是风险投资的零头，而且是一次性注入。对风险企业的审查并不严格。多基于天使投资人的主观判断和个人好恶。

天使投资不仅可以带来资金，也可以带来联系网络，知名度高的天使投资人可以提高公司的信誉。

◆ 风险投资在创业的"成长期"

风险投资（Venture Capital）是企业行为，是高度化和程序化的投资决策，通过把资本投向蕴藏着失败风险的高新技术及其产品的研究开发领域，旨在促使高新技术成果尽快商品化、产业化，以取得高资本收益的一种投资形式。

风险投资的对象多为处于创业期的中小型企业，而且多为高新技术企业。投资方式一般为股权投资，投资期限一般较长，多为7~10年。

风险投资人一般积极参与被投资企业的经营管理，提供增值服务。投资目的不是为了获得企业的所有权，不是为了控股或经营企业，而是通过投资和提供增值服务将投资的企业做大，通过上市、收购兼并等方式退出，实现增值或超额回报。

风险投资是分阶段进行的，也就是常称的A轮、B轮、C轮……

◆ PE私募股权投资主要是在创业的"成熟期"

私募股权投资（Private Equity）是指对私有企业即非上市企业进行的权益性投资，从而推动非上市企业价值增长，最终通过上市、并购、管理层回购、股权置换等方式出售持股套现退出的一种投资行为。

私募股权投资有广义和狭义之分，广义的是指通过非公开形式募集资金，并对企业进行各种类型的期权投资。狭义的是指对形成一定规模并产生稳定现金流的成熟企业的私募股权投资部门，主要是指创业投资后期的私募股权投资部分。

◆ *IPO 首次公开募股是企业上市之后*

首次公开募股（Initial Public Offerings）是指企业或公司首次将其股份公开发行，也就是常说的公司上市。

哪一类才是"情投意合"的投资人？

◆ 选择懂行的，在所在领域有相关经验的

选择在相关领域有过投资经验，甚至投资的公司有成功上市的投资人，这样创始人不仅可以得到资金支持，还可以获得资源帮助和经验指导，缩短成长路径，减少犯错的机会。事实上，创始人选择投资人不仅仅是冲着资金来的，虽然这是核心，也是看中了投资人手里的资源，因此投资人手里的资源非常重要。投资人提供的经验指导对创始人来说也很重要，经历过创业或在创业公司工作过的投资人，在创业者遇到问题时，能感同身受，用自身经历和经验为创业者提供帮助。

◆ 选择沟通顺畅的

创始人要选择能与之直接顺利、有效地沟通的投资人，双方可以理性、愉快地共同协商。警惕那些盛气凌人、独断专行的投资人，他们认为自己凌驾于创始人之上，必须要按我说的去做；也要警惕那些从人格和事务上都不尊重创始人的投资人。创始人要找到双方能平起平坐、不卑不亢交流的投资人，找到尊重创业团队的投资人，既虚心接受投资人的意见，又不因为对方太强势而轻易改变自己的创业计划。

◆ 选择脾性相投、气场对路的

这个无绝对，重点是创始人要找到自己欣赏和信任的投资者，双方更能和平共处，共图大业，否则互有敌意，容易导致内耗，影响创业成功。因此在可能的情况下，创始人要找机会和投资人私下相处，一起漫无边际、天南海北地聊天，在轻松随意中了解彼此对财富、身份、社会、创业乃至宗教、文化等的看法，沟通彼此的价值观。

面对投资人，创始人如何与之谈笑风生？

◆ 简明生动，体现激情

创始人尽量在最短时间内，少则15秒，多则1分钟，阐述清楚自己创业的公司是做什么的，有何创新，自己的想法是什么。在表述时尽量少使用"市场很大"、"团队很强"等空泛的语言，最好使用数据和现实例证，包括潜在用户数、市场规模、融资额度等。创业者除了要表述准确生动，还要让投资者感受到你的创业激情，看到你对创业项目的热爱。每个投资者都希望创业者能把创业作为终身和首要的事，所以创业者要让投资人感受到你的全身心投入。

◆ 坦诚沟通，不要掩饰

投资者喜欢直来直往、诚恳沟通的创业者，因此创业者要做到坦诚相待，明确说明自己遇到的困难和亟待解决的问题，不要试图掩盖，更不要粉饰太平，否则既让投资人对你的人品有不好的评价，错失投资机会，还会使问题没能得到真正的解决，导致创业失败。

◆ 强调自身优势

创业者既要让投资人看到自己对目前市场和行业的了解，知晓竞争对手的情况，也要强调自身的优势，包括经验、背景、资产等，让投资人对你有信心，相信未来你会创业成功，能很好地经营和运作企业，将企业越做越大。

创业者与投资人的关系，他们这么说

◆ 徐小平（真格基金创始人）

创业者要明白，投资者与你是重要的合作伙伴关系。投资者最根本的是

能给创业者带来资金，但能提供的又不仅仅局限于此。因为投资者不像创业者那样埋头于具体工作，而且有深厚的投资经验和广大的人脉关系、用户和渠道等其他资源，所以投资者比创业者更有机会站在不同的角度去思考一些对于公司成长至关重要的战略、方向、资源等问题。

因此，创业者和投资者之间要相互信任，坦诚相待并透明、及时地积极主动沟通。表达企业的发展现状和不足之处，要明确融资目的，商业计划书要根据条件变化及时灵活调整，从权利和义务方面出发，共同签订双方权利和义务明确的协议。需要注意的还有：创业者切勿心急和冲动，要充分考虑好合作投资人是否适合本企业，并非随便谁的钱都能要，避免为企业发展留下后患；不能等到需要资金时再融资，那样会使企业在谈判时处于劣势；不要和投资人太计较，因为创业者可以不是最大股东，但一定要使自己保有最大的发言权或投票权。另外，要承认个人的能力是有限的，如果没有风险资金加入，你会面临竞争力减弱、错失市场良机的困境，所以即使有的创业者可能不需要钱，也可以去找投资人融资，找到自己的"中国合伙人"。

◆ **曾碧波**（洋码头创始人）

创业者不需要也不该花很多时间在想投资人怎么想自己这种事上，更多时间应该思考：你的客户怎么想你在做的这件事。另一面，作为一个希望有成就感的投资人，不需要也不该花很多时间去想创业者怎么看待你，而更应该多花时间考虑：我有没有去倾听坐在面前的这个创业者，去倾听和感受他的心声和他的痛苦。

我觉得创业者最需要具备的一个素质和品质是：你要比你的投资人更懂自己所在的行业，更了解你的客户，更清楚你面临的风险和竞争。在融资和创业过程中，创业者要时刻问自己两个问题：第一，你是不是最懂这个行业？第二，你是不是足够敬畏你的客户？创业者需要在这两个问题上非常自信和聚焦，而不需考虑其他太多因素。

◆ 杜雷（微纳点石创新空间投资孵化总监）

天使投资人与创业者其实是合作伙伴关系，两者虽然关注点有所不同，但实际目标一致：就是要让创业项目快速成长，并取得成功。事实上只有项目成功了，资本才能有所收益。

天使投资人不仅会为创业项目注入资金，还会帮助创业团队梳理清楚发展目标和运作模式，定期对创业团队进行辅导，帮助他们对接市场及产业链等各种资源。

◆ 金鹏（凯旋创投风险投资合伙人）

投资人肯定能带给创业者的是：钱、心理满足、想象空间；想给但很难做到的是：行业知识、战略、管理经验；想给但创业者要千万小心的是：财技、各种短平快的捷径。号称自己不需要钱又融资的创业者是吹牛，觉得自己什么都懂的投资人是吹大牛。

◆ 陶闯（知卓资本创始人）

真正的合伙人模式才能拉近创业和投资之间的距离。创业者需要资本合伙人，而我们现在寻找的是一个把我当作资本合伙人的创业合伙人，把投资人和合伙人做到一起，这样创业的成功率就很大了。我的理念很简单，创业者需要资本合伙人，让资本合伙人给你带来资源、资金、经验和广大的人脉关系。

PART 3 运营人说

产品与用户体验

腾讯副总裁、微信创始人张小龙：
简单方便就是美

张小龙

因为创造了互联网界最成功的产品之一，"微信之父"张小龙被很多人送上神坛，他在腾讯内部的8小时讲座和178页的PPT也成了一段互联网界真实发生的江湖传说。他孤独的创作、对产品的偏执、人文格局和深邃洞察，又使他更像是一名艺术家。"红衣教主"周鸿祎就一直无法想象，为什么张小龙这样一个对名利无感、只在乎情怀的人，能创造出微信这样的神话。

◎ "产品经理应该像上帝那样了解人性。"

张小龙的这句话一方面强调产品经理的重要性，另一方面则是说"产品经理和上帝一样，也会俯瞰芸芸众生，知道他们的欲望，然后给他们制定一些规则,让他们按照这个规则来运转"。

产品经理如何才能像"上帝"一样呢?"首先你要了解他们的欲望,然后通过你的产品去满足,并且他们在使用过程中是按照你的预期来的,你知道他们会怎样自己去演化,然后你就在旁边看热闹就行了。"以微信的"摇一摇"功能为例,刚开始,微信团队担心这个功能是不是让女性受到了骚扰,但经过询问发现,很多女生也在使用这一功能并且在比较谁收到的招呼多。张小龙认为,这种担心就是产品经理对女性用户的无知。产品经理应该知道用户的心理并能够用规则去引导用户,"作为产品经理来说,一方面是自身要保持饥渴,保持一个觉得自己很无知的状态。但对我们的用户来说,我们要想办法让他们知道他们的饥渴在哪里"。

另外,产品经理还应该"满足他们的贪嗔痴"。张小龙认为,要想让用户产生黏性,就要让用户产生这三种情感。所以"当我们在做一个产品的时候,我们在研究人性,而不是说在研究一个产品的逻辑"。用户体验就是爽,"爽,用两个字来说是好玩",一个产品经理"不需要去做调研,我们也不需要去看统计数据,但我们知道用户心里需要什么样的东西。这个知道并不是说你去问一万个用户,而是你对于人心的洞察或者人在内心里面的一些渴望的洞察,那你就会知道了"。

◎ "我们做产品的人要做的是,最终用户用的时候让他觉得这个东西很简便。"

"我们喜欢简单,因为上帝创造宇宙的时候,定下来的规则也非常简单。……很多物理学家会说发现宇宙的规律很简单。既然宇宙的规律都这么简单,我为什么要把很多事情搞复杂?"张小龙认为,用户感觉好玩,操作起来方便,正是因为产品设计简单,而简单就是一种美。

为什么简单是美?他进一步解释道:"简单是一种审美观,它不是一种完全理性的结论。不是说我们尽可能做得简陋一点,而是说你脑袋里是不是有一

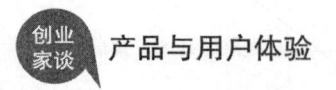产品与用户体验

种观念在这里——你看到一个界面,一看它密密麻麻铺满了按钮,你就知道这东西一点都不美,想要把它给简化一下。"

以"摇一摇"为例,这是微信一个简单的功能。用户看到图片下意识地摇一摇,就会听到来福枪的声音,这是雄性的象征,而最初的"摇一摇"背景是维纳斯,是一种艺术,之后换成了一朵小花。尽管被很多产品抄袭并添加了新的功能,但张小龙坚信腾讯已将这一功能做到简化且无人能超越了。"一方面是说我们已经最简化——因为就像iPhone只有一个按钮,除非你做一个没有按钮的手机——这里只有一个动作,甚至连按钮都没有;另外一个原因,我说这个体验的整个过程是非常严实的,它是一种人类的性驱动力在完成整个过程,没有什么吸引你的驱动力比性的驱动力会更原始。"

◎ "做好产品首先需要的是理性的能力,然后在理性的基础上领会多一些偏文艺或者偏人文的元素在里面。"

有媒体用"文艺青年"、"人文"等词汇来形容张小龙,但他认为人文性很多时候有点喊口号,"做好产品首先需要的是理性的能力,然后在理性的基础上领会多一些偏文艺或者偏人文的元素在里面。但它一定不是主体,不是基础"。

人文的东西是体现于无形中的,"并不是体现在你看得到的方面,它更多地体现在你看不到的那些方面,它会影响每一个功能"。微信中的人文性占多少呢?张小龙说:"如果非要用一个量化的定义来对比它,我认为这块其实不是最重要的;但如果从一个非量化的角度,比如从一个精神的角度来说,这块是很重要的。因为它是贯穿在整个产品的脉络中,或者说是它的灵魂所在。如果没有这个东西,那可能整个产品就没有一个东西连接起来;仅从产品功能或者说从纯粹的一个量化角度来说,看起来也可以不要。"

在张小龙看来,"附近的人"这一功能便包含了人们渴望交流、摆脱孤独的愿望,其实包含了很多人文情怀,倘若没有这一系列背景就直奔主题的话,

它会沦为一个微信化工具或者其他东西。因此，真正的好产品既需要人文的东西贯穿全局，也需要理性的思维去完善每一个细节。

张小龙 对产品的定义

产品是技术和艺术的结合；功能不等于产品，功能是满足需求，定位是满足心理诉求；定位是单一的，功能是多元的，功能很难取胜，定位可以。

创业家谈 产品与用户体验

陌陌科技 CEO 唐岩：
在产品、科技和人性之间找关联和平衡

唐岩

有人将唐岩视作"中国梦"的代表，因为他从湖南小城青年一跃成为互联网新贵，财富、地位、名声尽收囊中；有人认为唐岩是匪首，任性狂傲，我行我素，有古惑仔的特质；也有人认为唐岩是文青，是文科生创业的杰出代表。不过，唐岩本人很少关注外界的定义和标签，对他来说，做出满意的产品才是兴趣所在，而他对人性把握的精准，也被各方一致承认。

◎ **"我只对具体做事情有兴趣，至于后边的管理，毫无兴致。"**

2002年，因为生猛粗率的文笔深受"网友"黄章晋[①]的赏识，唐岩从湖南小城来到北京，成为网易的评论编辑。在媒体工作时，唐岩对人性的了解和把握已经彰显，他对用户的痛点把握非常精准，做专题设计时，他指点过的标题名称哪怕只是增减一个字，流量也会发生大幅变化。

2006年，青藏铁路即将通车时，唐岩负责新闻专题，他要求不要堆新闻，应该更直观地介绍青藏铁路沿线的变化和情况，最好能用动画来制作，这样读者认知起来更容易。当时文案中写到土石方挖了多少方，唐岩建议改成类比方式，因为读者很难理解冰冷的数字。专题上线后，读者反馈良好。"唐岩懂人性"获得同事一致评价。

---

① 资深媒体人，曾任网易新闻中心副总监、《凤凰周刊》执行主编等职，现创办《大象公会》。

网易的工作经历使唐岩赶上互联网媒体的快速发展期，并建立起自己的思维和知识体系。他一度以为自己会在网易一直做到退休。然而随着曾经的小伙伴相继离去自立门户，唐岩也开始心动。2011 年，唐岩被提升为总编辑，他对总编辑的想象是：中午上班，在空调房间里喝喝茶盖盖章，再去开开会。

这种岁月静好的小清新生活实在让唐岩觉得兴致索然，"我只对具体做事情有兴趣，至于后边的管理，毫无兴致"。他的创业雄心在燃烧。早在 2010 年底用上智能机的时候，做一个社交产品的创业念头就已经膨胀，"就是种原始冲动啊，就是那种念头动了就挡不住的感觉，在办公室整天就坐不安心了"。

◎"不停地在科技、产品以及人性之间找它们的关联，找这个平衡点，还挺好玩的。"

唐岩不懂技术，却清楚自己想要进入的是基于地理位置的陌生人社交领域。这可以追溯到唐岩上大学的时期。那时，他经常泡在网络聊天室里面，"我就觉得跟陌生人有话聊，要是哪天晚上我想跟谁聊半小时的天儿，我真的压根不愿意跟熟人聊，不知道聊什么"。所以，做一个陌生人的社交产品就顺理成章，"为什么要和陌生人聊天，当初我做陌陌的时候，就有人问我，你为什么要和陌生人聊天？我当时觉得这个问题好奇怪，因为我的第一反应就是我为什么要和熟人聊天？我的 QQ 关系熟人基本上全是同事与行业圈的，我要有话和他们说的话在白天的 PC 上早就说完了，为什么下班后还要和他们聊？因此，我觉得和合适的陌生人交流对我而言是一个刚需"。

"你看，现在城市化进程那么快，人都是很孤独的。"陌陌恰恰抓住了现代化过程中大家渴望交往却又不擅直接交往的特性。中国人总体比较内向，很少主动跟陌生人打招呼，需要一个工具和平台，LBS（基于位置的服务）使得虚拟交友和现实有了对接，这也是陌陌诞生背后的逻辑。"这个所谓的网友其实已经就是现实意义的人，5 分钟之后就能看得到。"这种把握同样与唐岩在同城聊天室的经历有关，"最火爆的是同城聊天室，为什么？它其实包含了一

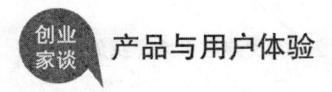 产品与用户体验

种线上关系转为线下的可能性"。

基于这样的目的,唐岩在产品设计上选择不要用户验证:"至少现阶段我们不搞验证,直接可以说话。我们不就是想还原一个真实社会吗?大街上哪有先验证我一下再搭讪的?"用头像上,"你弄个假头像什么意思呢?我们楼下见吧!你怎么办?对不起,我的头像是假的,我现在长成这样。我这个产品天然地会让大家用真头像,否则的话他上这儿干嘛来了"?

目前,让唐岩心心念念的,依然是如何让产品更完美,让陌陌更好地去沟通、发现和分享。他纠结于此,也乐在其中,"这是困扰我的东西,但也让我乐此不疲,不停地在科技、产品以及人性之间找它们的关联,找这个平衡点,还挺好玩的"。

唐岩 谈用户与赚钱

互联网行业用户是最重要的,我还没有碰到哪个公司用户在手,完成竞争之后赚不到钱的。

腾讯公司控股董事会主席兼 CEO 马化腾：
产品打磨得好用一点，用户自然会体会到你的心意

马化腾

打开 QQ，在查找好友里面输入 QQ 号 "10001"，你将会找到用一个企鹅头像、名为 "pony" 的人，这个 "pony" 正是鹅厂老板、"小马哥" 马化腾。如果你带着茫茫人海中终于找到你的喜悦、激动不已地申请加他好友，就会出现冷艳的七个字——"对方拒绝被添加"。然而，如果时间倒退十几年，回到腾讯创业之初，那时候的小马哥还在一个一个亲自拉用户，主动献身陪聊，为了活跃气氛增加用户，他甚至还经常换头像，假扮成萌妹子。所以，对于创业这回事，小马哥有很多的故事。

◎ "不要一开始就设定宏伟目标，而是把目标放到最低，事情是一点点细致做出来的。"

很多人认为现在是互联网创业的最佳时期，创业者纷纷渴望打造像 BAT 级别的公司，马化腾却告诉创业者："不要一开始就设定宏伟目标，而是把目标放到最低，事情是一点点细致做出来的。"

"如果今天你才创业，会做什么切入中国互联网？"对此，马化腾的回答是，他最多也不过做一些小软件，满足一下自己的爱好，"不能指望说要做 10 亿或多少亿，如果我们当初这样想早就死了。这会左右你每一步动作，接下来你会发现很多细小的事情都不做了，看到服务器有问题也不紧张，老想着 10 亿、100 亿怎么搞，那就完了"。

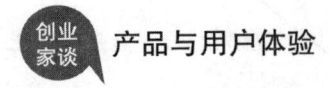
产品与用户体验

以马化腾的创业历程为例，一次偶然的经历让他结识了一款以色列人开发的聊天工具 ICQ，这让他获得灵感：为什么不设计一款在电脑上即时聊天的软件？于是他组建公司并开始创业，不久中国的对应版本 OICQ 面世，即 QQ 的前身。发布 9 个月后，注册用户就达到 100 万，马化腾不得不面对艰难的现实：服务器一直处于托管状态，看不到盈利模式，域名问题遭到美国公司起诉，几位创始人一度想把公司卖掉，好在最终渡过了难关。

"一定把目标放到最低，过完这关再说。大多数人都跟你一样面临各种小坎，只要埋头过完自己的坎，其他的人有的会分心落后，到时候你就跑到别人前面去了。"马化腾和他的团队并没有想到十几年后，腾讯会建立一个如此庞大的商业帝国，但正是一步步地坚持成就了这个商业帝国。

◎ "要看做的事情有没有用户价值，只要事情做对了成本就不会太高。有价值、不放弃就肯定有回报。"

"从 QQ 的第一个产品经理开始，我们就坚持用户价值至上的原则。"为了拉到 3 万用户，马化腾曾去学校一个个拉人。"那时候我们就想着做完卖掉，做完卖掉，大量开发。自己又去网上推广，最后用户上来了，最开始没人聊天，我自己要陪聊，有时候还要换个头像，假扮女孩子，得显得社区很热闹嘛。"

QQ 用户达到百万级后，运营投入逐渐加大，融资迫在眉睫。当 IDG 的林栋梁问马化腾：你的核心价值在哪里？马化腾回答道：以色列的 ICQ 卖了几千万美元，它有多少多少用户。我现在有多少多少用户，所以我就值这么多钱……

2004 年，腾讯在香港上市。马化腾指出："下一步我们就是继续以较低的成本开展新业务，并且在新业务和功能方面通过即时通讯增加客户粘性，……3 亿的注册用户是发展业务的基础，我们甚至可以发展电子商务，在客户端推出 C2C 多种功能不断地满足网民们更多的需求。"

在思考用户的需求时，马化腾一直把自己当作一位普通网民，他认为"只有按照网民心态做事，才能推出更加符合用户需要的业务"。

◎ "产品打磨得好用一点，用户自然会体会到你的心意。"

"我始终是产品经理的角色"，马化腾这样评价自己。"对于产品经理最重要的能力，就是把自己变成傻瓜，发现问题，然后想为什么这样？然后变成开发者。一秒钟傻瓜，一秒钟专业。"这是他研究用户和产品的诀窍。

什么是好产品？"好的产品是有灵魂的，优美的设计、技术、运营都能体现背后的理念。"那如何不断打磨产品？马化腾认为，想当然地猜测用户习惯是不明智的，"研发者往往对自己挖空心思创造出来的产品像对孩子一样珍惜、呵护，认为这是他的心血结晶"。但是产品经理的思维并不一定是用户的思维，所以好的产品必须要不断地经历打磨和修改。

以 QQ 邮箱为例："腾讯也曾经在这上面走过弯路。现在很受好评的 QQ 邮箱，以前市场根本不认可，因为对用户来说非常笨重难用。后来，我们只好对它进行回炉再造，从用户的使用习惯、需求去研究，究竟什么样的功能是他们最需要的？"腾讯由此形成了"10/100/1000 法则"："产品经理每个月必须做 10 个用户调查，关注 100 个用户博客，收集反馈 1000 个用户体验。这个方法看起来有些笨，但很管用。"

如今，腾讯在技术创新和产品创新等方面表现不凡，成为中国乃至世界有名的互联网企业。谈到腾讯的成功，马化腾认为："我们的好产品全都是这样琢磨出来的。腾讯的成功最初是运气，后面就是整个团队一场场硬仗打出来的。"

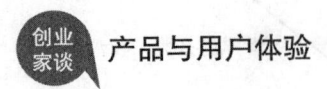

产品与用户体验

创业家有话说

马化腾 谈产品设计

产品经理要把自己当成一个挑剔的用户。我们做产品的精力是有限的，交互内容很多，所以要抓最常见的一块。流量、用量最大的地方都要考虑。规范到要让用户使用得舒服。要在感觉、触觉上都有琢磨，有困惑要想到去改善，如鼠标少移动、可快速点到等。

智联招聘 CEO、智联卓聘创始人 **郭盛**：
谁是老大不重要，用户才是上帝

郭盛

虽然如今留着略显呆萌的西瓜头发型，郭盛却一直就读烧脑的理工类专业，从事烧脑的咨询、投资类工作。在接受采访时，郭盛特别喜欢比喻，时而表示自己愿意做一只乌龟，朝着既定方向专注地长跑，时而表示自己就像一朵花丛中的玫瑰花，与竞争对手一起百花齐放春满园，时而表示自己要做海边的一块礁石，任凭潮起潮落，坚定地固守。这些鲜活的比喻，已经能窥见他的创业观。

◎**"每个人都有一个宏伟的梦想，都希望自己成为颠覆者，但是颠覆不会一夜发生，颠覆往往是积累到一定程度才产生的。所以，很多东西都需要脚踏实地去做。"**

2014年6月12日，智联招聘敲响了纽约证券交易所的开盘钟。郭盛在给员工的信中写道："我们欢呼胜利，但我们更要放眼未来，我们的大局面才刚刚开始。"

郭盛常常告诫员工要有梦想，学会坚持并要继续努力。从最初不起眼的猎头公司开始，智联招聘通过不断地转型成为今天上市的招聘类公司，这本身便是一个不断积累的过程。

"一开始有一百个人玩是很容易的，有一千个人玩也不难，上万人玩有点儿难度，上百万人玩就非常难，因此，做招聘成功的门槛是非常高的。我们往往观察它有没有十万、二十万人，甚至上百万人在里面，这一点其实特别难达

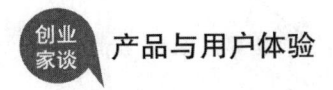
产品与用户体验

到。"郭盛认为招聘行业是一个门槛很高的行业，因此更需要坚持。"其他企业可以拷贝我们的模式，但不能拷贝我们的苦难，更不能拷贝我们不断前行的激情。只要坚持梦想，就有回报。"

无论外界如何解读智联的上市和发展历程，郭盛都认为这是一个顺其自然的积累过程："我们愿意做一只会长跑的乌龟，而不愿意做只会短跑的兔子。所以，上市之前我们花了大量的时间和精力去做业务，而不是做资本市场。我相信，只要把基础业务做好，其他的自然都会有。上市对我们而言，不是刻意为之，而是一个水到渠成的事情。"

郭盛认为："颠覆往往是积累到一定程度才产生的。所以，很多东西都需要脚踏实地去做。"将智联招聘成功推向资本市场后，郭盛和他的团队开始二次创业，推出旗下中高端人才求职平台——智联卓聘。

◎"要永远以创业小鲜肉的心态去做招聘市场。"

"招聘是一个长线市场，不管经济变好还是变坏，招聘企业的价值都会越来越大。"而中国人口老龄化趋势也带来了新的情况："一方面企业招人变得更难了，一方面求职者变得更挑剔了。"因此，"必须提供更好的服务，必须进行更精准地匹配，才能吸引更多企业和个人来使用自己的平台"。这对智联招聘提出新的挑战，要求它不断地创新。

"一个没有危机感的企业是成长不了的。"在互联网创业浪潮之下，涌现出越来越多的创业公司，招聘行业也有很多"小鲜肉"涌入。看到各种新事物的同时，卓聘也会有焦虑感，但郭盛表示："我们是以创业的心态在做卓聘，在智联招聘这个大公司里做一个创业产品。这是智联招聘未来的心态，我们以小弟的心态做事，智联招聘的转型才能更快实现。"

对于类似卓聘的这类"大公司里的创业团队"，该如何以小弟的心态做事情呢？郭盛认为，就把自己当作小鲜肉就好了，"永远以创业小鲜肉的心态去做招聘市场"，用小鲜肉的视角来发展，比如"发现的眼光"、"产品要性感"、"不断学习"等。

◎ **"谁是行业老大并不重要，因为用户并不在乎谁是老大，用户在乎的是谁为他们提供服务。"**

在"2014 中国互联网大会"上，主持人问郭盛和戴科彬[①]的竞争对手分别是谁？郭盛答道："猎聘网的竞争对手是所有人，智联的竞争对手也是所有人，我们就像在一个丛林里打群架，我认为互联网里每个企业打的都可能是群架。所以我必须看到不断地有竞争对手到背后去打我。"郭盛认为，在互联网世界，谁是老大这个问题其实没有想象得那么重要，"因为用户并不在乎谁是老大，用户在乎的是谁为他们提供服务。在当下这个时代，人人都可以是老大"。

"我不在乎我能不能做老大，我在乎我们能不能让你的价值最大化，你们在我这儿价值最大化了，我就是老大。"为此，他把研究用户看得无比重要，"我深知研究用户，他们想什么，他们干什么，只有这样，我才能活得更好、更强，我去研究我的竞争对手，如果我研究怎么打败竞争对手，我就放弃了用户，我宁愿把所有时间去研究用户"。

郭盛指出，随着人口老龄化，市场也会出现拐点，但也同样孕育着机会。面对潮起潮落，智联招聘应该做一块礁石："当潮起的时候，礁石很稳定、很坚实，不会被潮冲走，也不会迷失方向；当潮退的时候，礁石会显露出来，并且等待下一次潮起。"

[①] 猎聘网 CEO。

产品与用户体验

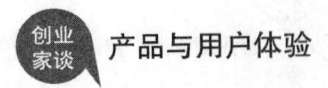

郭盛 对"行业老大"的定义：

用户并不在乎谁是老大，用户在乎的是谁为他们提供服务。在当下这个时代，我前面看到用户说的一句话非常好，人人都是老大。因为每个用户追寻价值最大化，谁能让他们的价值最大化，谁就是老大。我不在乎我能不能做老大，我在乎我们能不能让你的价值最大化，你们在我这儿价值最大化了，我就是老大。

暴风科技创始人、董事长兼 CEO 冯鑫：
快速试错是一种误导

冯鑫

冯鑫是互联网界的文艺中年，他不但有文艺人士喜欢阅读这一常见的爱好，从《道德经》到存在主义哲学都曾精读，也差点得了抑郁症这个文艺界内常见的病。喜欢反思和自省的冯鑫，在总结自己的创业历程时，提倡"多琢磨，少动手"。

◎ "如果找到了这样一个垂直细分的用户需求点，接下来要做的是在这一方向上做到老大。"

上市不到两个月，暴风科技的股价上涨了41倍，被称为2015年的"妖股"和"神股"，在公司内部造就多位亿万富豪和千万富豪。冯鑫的创业经历表明：暴风的一系列成功与选定视频播放这一垂直领域密切相关。他告诉创业者，要找到垂直细分的用户需求点，然后力争取得领先地位。

2010年召开的"第十届品牌中国高峰论坛暨首届高校创业者大会"上，冯鑫勉励创业者：创业要做到"选三流，做老大"。"选三流"主要涉及创业切入点的问题，包含三个层次：第一层的企业选择做平台；第二层的企业则是做服务；第三层的企业是选择服务中一个垂直、新颖、用户需求精准的领域。对于初创业的大学生来说，选择一个小的切入点，关注用户需求并把它做透，成功概率会大大提高。找到用户需求后，接下来就要在这个垂直领域里做到老大。人们对老二老三通常没有什么印象，"当人们接受一种新的服务，会下意识地问，这个领域里做得最好的是谁？老二、老三辛辛苦苦引导来的新用户，

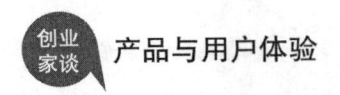

很多会直奔老大而去"。互联网上，用户转移的成本极低，这种情况下，只有做到行业老大，才能在用户数量和产品优化方面有更大进步。

如何做到老大呢？冯鑫认为："现在，很多年轻人还是太冲动了，创业的声音喊得有点高。"所以，创业者首先要"乐观地畅想未来，悲观到极致地去做计划。"另外，创业者还要"熬得住"，要做互联网的信徒，只要熬得住就不要放弃，"任何一个在互联网行业占住位置的创业者，三五年之后都会有至少五倍以上的增长。即便你只有一款产品，但你每天努力改进，就能做到没有人能把你的用户弄走"。

◎ "争不到用户的第一需求，那就搞定第二需求。"

如何提高用户忠诚度呢？冯鑫的做法是"争不到用户的第一需求，那就搞定第二需求"。暴风以做视频起家，之后将主营业务转向在线视频服务，为用户提供视频内容。冯鑫在一次公开演讲中表示，"目前内容确实是我们的短板，也是用户的第一需求"。那么，在第一需求无法满足的情况下，如何找到用户的第二需求呢？冯鑫说："那我们就选择在用户的第二需求上建立优势，即让用户的体验变得很爽。"以暴风为例，"这个电影你有我有大家都有，但挑剔一点的用户会在乎视听体验，比如3D功能和立体声等。内容库之外的感受市场非常大"。为了更好地提高用户粘度，满足用户需求，暴风内部经常强调"极致执行"，"暴风每天想的就是如何让用户在看视频内容的时候更爽，然后去执行出来"。

"互联网为什么牛，就是因为产品可以随时随地升级。今天和明天得到的东西不一样，这是互联网产品的魅力所在。"冯鑫认为，"有了极致的行动，自然产生了创新和提升"。

◎ "如果你思考得够多，就不需要试错。"

在互联网行业，很多人认为快速试错可以更好地优化产品，冯鑫却认为：

"这是一种误导。如果你思考得够多，就不需要试错。"

冯鑫之所以这样认为，是因为他相信：万物皆有解，但正解只有一个。"即当你面对一个选择题的时候，你会发现两种意见都对，都有道理。但如果是管理者的话，你要知道无论怎么样，在那个时间或者在那个环境、那个资源之下，只有一个是正解，只有一点会让企业走上更好的发展之路。"

"产品无非就是两种，一种是主营产品，比如百度搜索和淘宝。一种是产品生命的自然衍生，比如百度贴吧和支付宝。"冯鑫说："但我觉得有一款好产品就很好了，伟大的公司都是一个产品走天下。"他不会轻易试错："除非我们觉得是一个方向、一个很大的机会，我们才会大力布局，比如我们做魔镜和电视。"

"我一直跟同事们说，多琢磨，少动手"，暴风产品功能改进时就关心两个问题，"一是你要影响的人到底是谁，二是影响的幅度能有多大。要么这个功能推出惠及30%的用户，让他们的体验从0到1；要么只惠及1%的用户，但能把体验从1拉到100"。所以，"创业者一定要有自己的一套方法论，要培养勤于反省的习惯，不断总结自己和行业，慢慢形成一些规律"。

创业家有话说

冯鑫 谈"试错"

人最怕的就是手带着脑子走，人应该是脑子指挥手。都说互联网行业要快速试错，这是一种误导。如果你思考得够多，就不需要试错。很多人懒于思考，勤于动手，这是人类一大天性。能成功的人，一定是能克服这个天性。

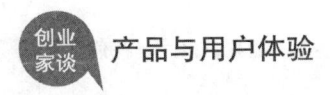

小米科技联合创始人黎万强：
强化用户参与感"三三法则"

黎万强

在小米期间，黎万强负责小米手机的运营和营销工作，培养了一大批为小米热血沸腾的粉丝们，"米粉"一词由此产生，也创造出了参与感、手机控、F码、米粉节等互联网热词。在揭露小米成功秘密的《参与感》一书中，黎万强就提出了小米营销的三个基石，或者三大战略：做爆品、做粉丝、做自媒体。

◎ "互联网思维核心是口碑为王。"

"你能不能不花一分钱做到100万用户？"黎万强启动小米的第一个项目MIUI时，雷军向他抛出这个问题。想要不花钱拉到用户，只能做口碑，于是黎万强带着团队在论坛里四处出击，千方百计找到了100个超级用户参与MIUI的研发、设计和反馈，收获了第一批"米粉"。

小米启动手机项目时，雷军再次提出相同的要求。"我总觉得这是个智力题。"黎万强调侃道，"没有钱，没有媒介，没有广告投放。没办法，我们只能死磕新媒体。"于是他带领团队一边在论坛上不断发力，沉淀老用户，一边利用新兴的微博开展宣传，找到一条以互联网方式做品牌的路径："先渗透专业发烧友用户，再不断扩散，层层迭代。"

黎万强解释道，互联网思维的核心就是口碑为王，"传统行业的品牌路径是，先砸知名度，再做美誉度，最后维护忠诚度；而互联网企业由于产品即品牌，所以小米的路径是一开始只专注忠诚度，通过口碑传播不断强化这一过程，到了足够量级后，才投入做知名度"。

◎ "口碑的本质是用户思维，就是让用户有参与感。"

在互联网时代，消费者事实上也是生产者。黎万强一语道出，与过去的几十年相比，消费者在选择商品时的决策心理已经发生了很大变化："用户购买一件商品，从最早的功能式消费，到后来的品牌式消费，到近年流行起来的体验式消费，而小米发现正参与其中的是全新的'参与式消费'。"那什么是参与式消费呢？黎万强在书中指出：这是一个让用户参与进来，满足年轻人"在场介入"心理的过程。"在此之前，多见于内容型用户产生内容（UGC）模式的产品，比如在动漫文化圈，著名的B站[①]，就是典型例子。"

"对于小米来说，我们就是和用户交朋友、一起玩。我们很重视用户的参与感。"黎万强相信当今的年轻人越来越强调自我的价值和能力，他们相信"我应该有能力去参与和改变这个世界，有能力参与和创造一个品牌"。

那小米又是怎么样让用户拥有参与感呢？黎万强透露：我们拼命地想办法，做创意，帮助用户找到他们能参与小米的产品之中的方法。不出意料，用户对此反馈非常积极，小米路由器工程机的测试用户，100%都会全程拍照记录下他们打开箱子、亲手组装这台独一无二的路由器的全过程，并通过社交网络分享给他的朋友们。"这时用户分享的就不是小米路由器，而是他们参与其中的那种成就感。"

◎ "构建参与感，就是把做产品、做服务、做品牌、做销售的过程开放，让用户参与进来，建立一个可触碰、可拥有，和用户共同成长的品牌。"

具体如何构建参与感呢？黎万强说："我总结有三个战略和三个战术，内部称为'参与感三三法则'。"这三个战略分别是"做爆品"、"做粉丝"、"做自媒

---

① Bilibili.tv。

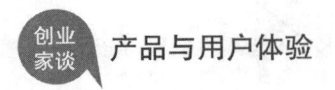

体";三个战术分别是"开放参与节点"、"设计互动方式"、"扩散口碑事件"。

"做爆品"是产品层面的战略,"产品规划某个阶段要有魄力只做一个,要做就要做到这个品类的市场第一"。"做粉丝"则是用户策略,"参与感能扩散的背后是'信任背书',是弱用户关系向更好信任度的强用户关系进化,粉丝文化首先让员工成为产品品牌的粉丝,其次要让用户获益……再次是荣誉和利益,只有对企业和用户双方获益的参与感才可持续"!"做自媒体"则着眼于内容层面,"鼓励引导每个员工、每个用户都成为产品的代言人"。

与三个战略相对应,三个战术也是层层推进,相辅相成。黎万强在书中指出:"开放参与节点"就是把做产品、做服务、做品牌、做销售的过程开放,筛选出对企业和用户双方获益的节点,双方获益的参与互动才可持续;设计互动方式根据开放的节点进行相应设计,把互动方式要像做产品一样持续改进;扩散口碑事件则要先筛选出第一批对产品最大的认同者,小范围发酵参与感,把基于互动产生的内容做成话题、做成可传播的事件,让口碑产生裂变,影响十万人、百万人更多地参与,同时也放大了已参与用户的成就感,让参与感形成螺旋扩散的风暴效应![1]

> **创业家有话说**
>
> **黎万强** 谈"口碑传播铁三角"
>
> 社交媒体是当下口碑传播的新渠道,是加速器;和用户肩并肩地站在一起,和用户一起玩,是口碑传播的关系链;而好产品,则是好口碑的基石,是推动整个口碑传播的发动机。这就是我想和大家分享的口碑传播铁三角。

---

[1] 小米口碑的核心:参与感三三法则,《阿黎笔记》,http://liwanqiang.baijia.baidu.com/article/25670。

团队管理

滴滴打车总裁柳青：
团队需要激发、激发、再激发

柳青

人美、学历牛（北京大学和哈佛大学毕业）、履历强（曾为高盛亚太区董事总经理）、有能拼的爹（"中国IT教父柳传志"），柳青本人却又是工作狂，有着"近乎变态的勤奋"。

◎ "我们不去把一个人才定性说你这个人只能做这个，我们相信每个人的潜能，前提是要激发大家。"

2015年2月14日，滴滴打车与快的打车合并，柳青任新公司总裁。尽管柳青曾是高盛最年轻的董事总经理，有着12年的投行经历，但跳槽到滴滴打车，她仍然需要面临不少挑战。

柳青认为，进入一个新团队，首先"需要沉下心去理解一件事情之所以是现在这样，背后一定是有原因的，要尊重历史和团队，倾听而不是急于表达。建立团队信任，再根据曾经有的经验分享新的发现"。

作为跨界人才，柳青在公司人才选用和跨界人才任用方面经验独到。什

么样的人才能够吸引滴滴并被留用呢?柳青认为主要有以下几个因素:"首先,招人是很难100%招对的,能够20%招对就不错了,所以千万不要给自己很高的目标说要百发百中。第二是招人的时候要找到跟你的企业文化相适应的人。第一是要聪明,当然聪明是仁者见仁,对你这个行业比较了解;第二是要阳光,阳光就是说要比较积极、正面,不要老负能量;第三是要皮实,皮实就是不要有玻璃心,一碰就碎了。在这么激烈的竞争环境下,很难有谁会彼此顾及彼此的情绪,但大家只要知道我们在做事情就好了;第四是自省,一日三省吾身,一个人只要满足了这几项要求,对我们来说就是非常合格的人才。"

"我们非常相信每个人都是有潜能的,并不是像你想的那样,我们把你放在那个岗位上,那个岗位会定义你。我们不会把一个人才定性说你这个人只能做这个,我们相信每个人的潜能,前提是要激发大家。"现在,滴滴团队中有许多曾在麦肯锡、贝恩资本、高盛等机构工作过的员工,都在不同的岗位上,可谓"用跨界人才用得非常好"。

◎ "激发你的团队,把这个问题交给他们,给他们以指引,不停地去激发他们。"

有人问柳青,你是从高盛过来的,高盛只有十几人,而滴滴是一个四五百人的团队,管理跨度很大,你怎么看?柳青的答案是:不断激励团队。

具体怎么做呢?她说:"今天我们整个团队在的这个行业,是一个没有人做过的行业,没有人知道怎么做,没有人告诉你说——来,我告诉你这件事,你这么做就能成功,没有人会告诉你。所以怎么办?只能是去激发你的团队,把这个问题交给他们,给他们以指引,不停地去激发他们,跟他们讲我们的使命是什么,我们想解决什么问题。"

柳青认为道路拥挤、人们开车时间较长、交通数据尚未被互联网化等都是中国目前面临的问题,而之前没有人从事这方面的工作,因此她不断地告诉滴滴团队:"我们在做的每一件事情都是非常了不起的事情,也是非常重要的事情。"

"每个人心里其实都是有战神的,只是等着你去呼唤它而已。""我们在公司里做的一个重要的工作,就是呼唤心中的战神出来,因为竞争确实是非常激烈的,我们自己也需要马上把握好自己的优势资源去升华自己。"柳青相信,"我们有这么一群人,能够带动起来,能够激发我们的合作伙伴,也能够激发我们的政府伙伴"。

这种激发方法取得了不错的效果。柳青表示,快的的一个小伙子就发明了一招,"他说现在4S店卖车太落后了,咱们怎么来帮一帮这些OEM厂商?你要是有要卖的新款,就到我的平台上,我给你做一个按钮,点一下试乘试驾,奔驰到你家门口试一下再开回来,直接应用我们的APP。这个点子出来以后,一个月里有20家OEM来找我们,而且是不同地区的"。

柳青说:"其实这些奇思妙想,都是团队可以做出来的,关键是要给大家以梦想,我们一起来分享这个梦想,团队的力量还是无穷无尽的。"

柳青 谈团队管理

对于团队,我能做的就是——激发、激发、激发。我相信通过不断地激发,团队能创造出更多的价值,也更充满活力。还有就是我们现在每天都告诉自己的团队,还是要放下,放下什么呢?放下以前成绩的包袱,心态完全归零,这是我们每天跟团队讲的事情,未来这个事情这么大,我们还有很长的路要走,所以必须要放下所有的包袱。

京东创始人**刘强东**：
用四张表来管理 75000 人

刘强东

从"强子"到"东哥"，再到"老刘"，称呼的改变伴随着刘强东江湖地位的巩固。财富在累积，京东在膨胀，刘强东却被媒体形容"瘦成了一道闪电"，这在看脸的世界，真是一道赏心悦目的风景。传说刘强东的减肥食谱，还是那个"最单纯善良"的女孩给的。回看刘强东创业史，可发现他在人员管理上，也曾有过一段"最单纯善良"的时光。

◎ **"一年多来，我受到的最大教育是人不存在性本善和性本恶，没有管理的企业，结果是必然的。"**

早在上大学时，刘强东就开始做兼职，专业是社会学的他主动学习编程，原因很朴实："社会学专业不仅找不到好工作，更找不到女朋友。"大四时，学校附近有一个餐馆要转让，刘强东便拿出学生时代 24 万元的兼职积蓄，又从亲戚朋友那里借了钱，接手过来，开始了第一次创业。他把员工薪水提高了一倍，改善了员工的住宿条件和饮食标准，相信这么满满的爱和信任，员工也会付出满满的认真和忠诚。他仁爱创业，无为而治。

然而，现实却打了他一记响亮的耳光：由于员工弄虚作假，中饱私囊，饭馆开张不到一年就倒闭了，还欠下 20 多万元的债。很善良很单纯的刘强东意识到自己很傻很天真，他留下一个黯然离去的背影，"走的时候，我连一个碗都没有带走"，以及永恒的哲学难题："人到底是性本善，还是性本恶？"

带着这样的深刻思考，当然主要是为了挣钱还债，刘强东进入日资企业日宝来福。日企清晰精准的管理制度给他很深的触动，"日本人对我说，日语中没有'误差'一词，只有对和错。我当库管允许误差，比如，一两分钱的彩印纸，允许五张的误差；而床垫等产品却没有误差的概念，只要错了就走人"。他意识到自己的问题所在，不应该纠结于人性和价值观上，而是需要花心思进行企业管理。"回忆自己餐厅创业的失败，我不仅要担负餐厅破产的责任，还要担负没有教育员工的责任。谁造成的？都是我造成的。"

有了两次经历，再加上"作为创业人，我的信念和激情没有消退"，刘强东最终没有因为对人性的纠结成为哲学家刘教授，而是创办了"京东多媒体"。自己也从带有几分傻白甜色彩的青涩学生，一步步成为铁腕强硬的京东霸道总裁。

◎ "如果说一家公司失败了，绝对不是因为钱的问题，是团队出了问题。公司成功和失败永远是团队的问题，如果说哪里出了问题，我们从来不想竞争激烈、政策因素、市场因素，我们就找人的原因，业绩不行就是团队出了问题。"

如今，刘强东在管理人上已经有了明确的规范和清晰的流程。他认为，简单说来，京东内部管理人员主要就靠四张表格。

第一张表格是能力价值观体系，用于员工评价，通过价值观和能力两个维度，将员工分成四类。第一类是能力低、价值观不匹配的情况，这被称为"废铁"，不予录用；第二类是价值观匹配但能力不够，称为"铁"，公司可为其提供转岗和培养的机会；第三类是价值观和能力都在 90 分左右，这是"钢"，几乎 80% 的员工都属于这一类；第四类是价值观和公司非常合拍，员工的能力也很优秀，这是"金子"。但还有一类"铁锈"员工，即能力很强但价值观不匹配，这是最危险的，公司绝对不能留下这类人。"我们第一时间要干掉的就是铁锈，比废铁还要糟糕。为什么？废铁的能力不行，价值观不行，

没有关系,不会造成恶劣的坏影响。铁锈有腐蚀性,能力强,有一天如果他对公司进行破坏,会造成很大的影响力和杀伤力。"

第二张表格涉及管理上的授权问题,主要采用 ABC 原则,即按照级别依次上报,C 向 B 汇报,B 向 A 汇报,而 C 的加薪、辞退、奖金和股权等问题,都需要由 A 和 B 一起来作决定,避免了一个人独断专权的情况。

第三张表格涉及管理的规模,即 8120 原则:"我们认为一个管理人员最佳的管理数是 8 到 12 个人,让他能够有足够的时间思考战略,同时也不会很清闲。"20 是指"对公司最低层的管理人员,我们要求每个主管不低于 20 个。为什么呢?基层员工业务比较单一,这样就避免公司人浮于事、官太多、人太少。"

最后一个是 2N 原则,其一,加入京东的员工要是想从原单位带人一起过来,最多只能带一个人,如果太多,就只能去别的部门了。"在你的部门最多只允许带一个人,公司原则上不欢迎任何一个管理人员带原单位的人过来,公司是鼓励你一个人来",这是为了避免公司高管拉帮结派;其二,管理人员必须要用一年来培养一个随时能接替自己的人,最多两年,如果还没有找到,管理人员就必须离职,这是要保证公司业务不会因为一个高管离职就面临瘫痪。

这四张表格体现了刘强东的用人之道,表现了他选人、用人和留人的基本原则,也使得京东发展成超过 7 万人的庞大团队,成为电商界的一匹黑马。

创业家有话说

刘强东 看员工评价

在京东公司用人价值观第一,能力第二。一个人价值观不匹配的话,我们从来不用;能力放在第二位考核。

携程网创始人**梁建章**：
大公司变成小的创业公司更有创造力

梁建章

梁建章被誉为"神童"，13岁时以"电脑小诗人"闻名，20岁时获得美国乔治利亚理工学院电脑系硕士学位。除了创业领袖，他还有一个身份是学者和人口专家。梁建章的聪明、理性以及卓越的能力，被人称为是"狠角色"，如今，带着使命和责任回国重振携程的他，正在被人翘首以望。

◎ **"如果你不想被小公司颠覆，先来颠覆自己。"**

在携程创办之初，梁建章便对旅游业进行了一次颠覆。之前，旅游业是由人力来主导，旅行社如果遇到员工流失，业务也会流失。梁建章将精细管理理念引入携程，体系完善，分工明确，参照大规模制造企业的方式，实施集中式管理，并且充分利用互联网技术，以实行远程操作。"经常听到别的旅行社一旦员工流失，业务就都没了，而携程永远不可能出现这种状况。"在携程的管理机制下，"每个员工都在复杂的流程中做一个非常专项的工作"。这种颠覆成效显著，携程迅速壮大，2003年在纳斯达克上市，2006年占据了56%的市场份额，而当时排名第二的艺龙仅占18%。

随后，梁建章安心去了美国斯坦福大学，开始了学术研究之旅。他在心无杂事认真向学时，国内的行业变幻风起云涌，在线旅行行业竞争激烈，互联网猛烈冲击，携程的市场份额被不断地瓜分蚕食。2011年，携程业绩经历了最大幅度的下滑。

2013年,梁建章回国力挽狂澜,这时他发现随着电脑和手机的普及,竞争的主战场已转移到互联网,尤其是移动互联网。携程的对手已经不仅仅是曾经的艺龙和去哪儿,而是移动互联网时代积累了庞大用户群的APP,如今夜特价酒店、马蜂窝等,这些才是旅游行业真正的颠覆者。携程创建出来的一整套金字塔式的成型完善的组织建构,在助推携程成为业界老大之后,在互联网和移动互联网时代已经显示出诸多弊病,无法与更加灵活的APP公司竞争。

于是,在众望所归中梁建章复出。为了重振携程昔日的辉煌,他决定颠覆自己一手创建的一切。"如果你不想被小公司颠覆,先来颠覆自己",梁建章用这句话,来表明他的"二次创业"。

◎ "我要把整个公司变成很多小的创业公司,让员工有创新的激情和条件。"

梁建章二次创业的主题词正是"互联网+移动互联网",公司战略从"鼠标+水泥"变成了"大拇指+水泥"。大刀阔斧的改革开始了,组织机构的机制调整首当其冲。

在互联网时代,"不够轻"这种弊病并非携程独有,很多原本强大臃肿的机构也在自求变革,例如海尔的裁员、扁平化管理,以及将集团分为多个小微自主经营体,以此来防止"大企业病"而在互联网竞争中保持优势。

在梁建章看来,大公司应该借鉴初创期小公司的做法,鼓励小团队的独立性和自主性,同时保证其资金支持和激励体制,以提高创造力和竞争性。2014年,梁建章果断出手,"拆散"了携程,此时携程已成立15年,员工达3万之多。"我要把整个公司变成很多小的创业公司,让员工有创新的激情和条件。"

"我们携程这一两年的变化非常大,其中主要一点就是从组织机构上把很多职能分散了。""拆散"后的携程分为大事业部、事业部和更小的创业单位,各大事业部更像是一个实质上独立运作的公司,事业部和创业单位实行内部创业。各部分充分授权、配置资源，以目标责任制来考核，设立估值、期权等激励方式，每个小公司成为独立的小单位，拥有技术和很多事名的决策权。

对于自己的变革之举，梁建章很是看好"在大公司里营造很多小的业务，这种创业环境是蛮有意思的课题"。通过这样的机制改革和"内部创业"，梁建章希望在互联网和移动互联网时代，点燃员工的创业激情，依然保持着对市场反应的敏锐和积极。

创业家有话说

梁建章 谈"创造"

人生的价值在于创造。所谓创造，可以是大到创造一个生命，也可以小到创造一个美好的旅程。可以是大到创造一个伟大的公司，也可以小到创造一个出色的产品功能。

爱奇艺 CEO 龚宇：
选人上人品、基本素质比经验更重要

龚宇

温和、自信、条理分明，是大多数人对龚宇的评价。龚宇是根正苗红的程序员出身，这个背景让他刚开始做视频网站看剧本时颇有不适，逻辑严密的他实在难以理解天马行空的文艺思维，不过很快他就适应了。龚宇的好脾气也曾经一度让他怀疑自己，但同样这让他有了强大的人格号召力，他也找到了很好的相处方法。不过，龚宇的自信笃定倒是贯穿始终，在他看来，在创业这条路上，创始人和团队的人品是个不可忽视的因素。

◎"如果由我来负责这件事情，那我是带着整个团队成员对你的信任和希望而来，所以要尽量能做到让所有这条经济链条上的构成单位达到真正的共赢。"

创办焦点网苦苦支撑时，龚宇曾被一位离职的员工发了"好人卡"："龚宇是个好人，但太'面'了。"这个评价让他很郁闷，于是一度风格大变，试着给各级领导下业绩指标，完不成就处罚。不知道当时他的下级作何感想，反正龚宇发现自己实在是做不到，很快就又恢复了不给员工下硬性指标的管理方式。对龚宇来说，他的驱动力来自于一种责任感，他谈道："我觉得我前进是一种责任感的驱使，如果由我来负责这件事情，那我是带着整个团队成员对你的信任和希望而来，所以要尽量能做到让所有这个链条上的构成单位达到真正的共赢。"

因此，龚宇的能力和人品让他很得人缘。2000年12月，龚宇向核心员工坦言公司已经撑不下去了，但团队仍然选择了不离不弃。随后，焦点网向房地产垂直网站的转型中，有能力的员工甚至自愿转去做广告销售。后来，龚宇要做视频网站，过去的很多老部下甚至愿意降低职位追随而来。目前，爱奇艺的一些重要岗位，要么是他的老部下，要么是他的老同学。"如果老板人不好，团队早散了"，"他是一个可以做朋友的老板"，员工们如是说。

虽然个性温和，不习惯强硬的方式，但并不意味着龚宇"无为"。他有一套适合自己的团队管理方法，来强化团队的执行力。他对项目的追踪不是规定硬性指标，而是通过频繁的邮件往来以及自己的以身作则来带动。在团队架构上，龚宇喜欢简单明了的方式，不喜欢把时间和精力花在沟通上。他在管理上采取了树状结构，一个人只有一个节点，只有一个领导。管理的结构、权利、责任、义务分工明确，减少冲突，他坦言不喜欢集团公司庞大的组织架构，"一个部门有不同的意见，就很难说服。这种事不是说不好，而是我不喜欢这种事，增加了沟通的成本"。

◎ **"第一点是人品要好，做事先做人；第二点，强调团队成员的基本素质，而不是更加强调经验。"**

龚宇笃信"小胜靠智，大胜靠德"，他在回答自己走到今天的原因时谈道："首先是人的品德很重要，一些虽然会暂时得到利益，但有违法律、道德和行规以及你的潜意识不能做的事情，一定不要做，要有自己的原则，可以总结为小胜靠智，大胜靠德。"

龚宇在选人上，强调人品和基本素质。首先人品要好，做事先做人，"相同的人去做一个企业，最后走向成功，而不是一开始选择了一个正确的事，再找合适的人搭建，不是这种方式；先有合适的人在一起，事情总是要调整、变化的，但核心的人是最重要的"。龚宇坚决不要"喜欢搞政治斗争的人"。其

次，与经验比起来，团队人员的基本素质更值得强调，"我知道有些创业的公司或老板很在意经验，一定把这个行业有最好经验的人挖过来。我们更需要的是高素质的人，未来有发展空间的人"。

龚宇也希望员工能够乐观向上，拥有积极的生活态度和工作态度，有乐观的心态，不是将工作视为一件苦差："如果认为是一个负担，精神状态、生活状态、工作质量肯定会非常差。在工作的同时，我们需要快乐地生活，怎么叫快乐地生活呢？从个人也好，从企业文化角度也好，需要所有的同事之间非常真诚，大家抱着非常阳光积极的心态去工作，去处理人和人之间的关系，处理公司和业务合作伙伴之间的关系。所以，这种乐观更代表一种积极的生活态度和工作态度，非常阳光、快乐。"

龚宇 谈诚信

年轻人最重要的品质是诚信，我认为这是做人的最基本原则。人活一辈子能和你利益相关的人加起来也就是几十个人。但所有这些人都是你在快要离开这个世界时才可能会总结出来的，所以你要用实际行为给所有周围的人留下一个诚实诚信的形象和口碑。

智蹼共创管理咨询创始人**李文**：
用"混序"思想来创业和管理

李文

微博上的李文像是"愤青"，总是操心天下大事。然而，在谈到企业管理时，就能深深感受到他的"术业有专攻"。多年来，他的丰富实践、潜心思考和冷静观察，使其对如今变幻莫测的商业世界中的企业管理有着独到的洞察和深刻的见解。

◎ **"'混序'管理是科层制管理和项目化管理这两种机制共存在同一个组织里面，'混'是'混沌'，'序'是秩序。"**

"混序"是李文管理思想的核心，概念来源于一位美国银行家，李文将其追根溯源，丰富发展。顾名思义，混序就是"混"和"序"并存，"混"是"混沌"，"序"是"秩序"，混序管理是一个组织体系里面同时存在混沌和秩序两个方面，也可以简单地理解成金字塔式的科层制管理与扁平灵活的项目化管理的结合。

混序管理的产生，与传统管理方法的诸多弊端有关。传统的管理方法为金字塔型结构，其严格的流程、规定、内部的官僚制、领导的地盘意识和小团体的观念，很挫伤员工积极性。项目制管理则可以促进企业的创新与活力，具体做法是把员工从各个岗位、部门抽调出来，成立团队，以项目为单位，大家相互协同和配合。"层级式的或金字塔式的组织采取严格的命令控制，要求令

---

① 本文根据中国与全球化智库（CCG）在2015年10月8日对李文的采访整理而成。

行禁止，下级完全地服从上级，而项目化的小团队要求平等、合作、共享，自发管理，团队没有中心，不是看谁官大就听谁的，而是根据大家的意见来共同决定。"

与传统管理方法相比，"混序"管理最根本的是改变了分配机制。"这种机制下，其实团队成员每次创新都相当于一次创业，已经从本质上改变了内部项目成员的地位，这种机制好过任何传统的激励、考核。"因为员工的身份和心态发生了根本的变化，"项目团队机制里最关键的是把员工的身份改变了，员工不再是打工仔，而是合伙人，是内部的创业家或创客，最关键的是员工变成了一个合伙人，能够参与项目成果的分配，这种激励是任何东西都不可替代的"。

◎ "创业也分为'混'和'序'两个阶段，混解决从 0 到 1，解决这个产品和服务怎么来的，序解决从 1 到 N。"

"混序"思想同样适合于创业企业的发展阶段，创业企业从 0 到 1、从 1 到 N 的阶段也是从"混"到"序"的过程，用"混"来创生，用"序"来发展。"'混'解决的是从 0 到 1 的问题，在一个混沌的模式进行多元化的混合和碰撞里，不要用权力去控制或干涉，让创意自由地产生，主要特点是开放、透明、平等和共享。'序'解决的是从 1 到 N 的问题，使创造出来的产品快速地成长及规模化运营，需要强有力的有秩序的组织和机制来使其落地，通过标准化的生产不断去复制，不断去扩大产量。"

这就需要创业者根据不同的阶段来调整自身的管理思想，不断去改变自己，调整公司的企业文化。"'混'的阶段一定要放开心态，放下姿态，给创业伙伴充分的自由，让他们各抒己见，广泛地吸纳大家的意见，直接采取很简便的、很灵活的小团队的方式，不要那么多的层级，不要设那么多的部门"，通过放任自流产生创意和想法后，"就迅速进入序的阶段，这时候要用纪律、制度、流程规范大家的行为。有些创业者后期疏于管理，没有标准，没有制度化，没有进行规范化管理，弄得最后越来越乱。"

◎ "混序其实是要看员工的不同个性、特质以及能力差异,有的员工适合'序'的体制,有的员工在项目制管理下会更能发挥所长。"

在"混序"的管理机制下,创业者需要根据员工的不同特点,因人而异地安排工作。"有些人适合序的形式,他们不爱冒险,只喜欢踏踏实实做自己的专业工作,不太爱交际,喜欢由上级拿主意自己去做,不喜欢自己作决策。这类人比较适合在传统组织里、在固定的岗位工作。"项目制管理具有创新性强、挑战性高的特点,需要员工有很强的自信心、很高的情商和爱冒险、抗打压的性格。"项目制管理下员工要能够承压,善于应对变化,不能太脆弱,要经得起打压,抗摔打,最关键的是要有很高的自我管理能力和高度的成就欲望,一个没有那么高的成就欲望的人,很可能遇到困难就退缩。"

尤其值得强调的是,"混"的阶段或者是项目制管理有去中心化的特点,但去的是权力的中心化,而不是影响力的中心化,"虽然去除了权力领袖,谁也不是谁的上级,但必须存在一个精神领袖,需要一个权威和领导者"。他的领导力来源不是上级授权,而是自身的能力、魅力和人品。"未来的创新创业可能不需要传统的领导、老板或者高级的官员,但是一定需要这样的精神领袖和灵魂人物,他是团队凝聚的核心,是团队在遇到困难还能不退缩的精神支柱,这一点是必须要强调的。"

> **李文谈 创业的"混序"时期**
>
> 在创业的不同阶段,要用不同的管理方法和管理理念,随着自己事业的壮大不停地修改企业文化和机制,不能一套方法打到底。总的来说,就是要以变应变,用"混序"这套思想和方法论,来陪着你从0到1、从1到N。

自我管理

58公司总裁兼CEO 姚劲波：
未来创业机会多，坚持是很好的武器

姚劲波

与很多为资金问题焦头烂额的创业同行相比，姚劲波在创业过程中从来不差钱，一直有资金愿意为他的判断买单。因此，当大多数创业者或因长期无法盈利而黯然告退，或为了维持公司而精打细算过日子的时候，姚劲波提出了互联网界的"剩者为王"，"下一个真正百亿级别的企业诞生于分类信息网站，'剩者为王'的大戏即将上演，不是我们也是另外一家"。

◎ "所有的创业都是从理想开始的，需要发现这个社会不美好、不完善的地方，成为你自己的痛点，想办法去解决。"

58同城创业初期，刚刚来到北京的姚劲波就因为"缺乏经验"被房产中介狠狠地骗了一把，于是开始思考："为什么没有一个平台把各种本地化信息聚集到互联网上，让生活通过分享变得更美好？"这是他着手做58同城的初心所在，也是他创业的理想之一。如今，他依然对此有极大的信心和认同，"没有一件事情会比这个事情更大、更有价值。我会让每个人的生活因为我的存在而变得更加方便"。

"往往创业者做的事情就是有争议的，如果没有争议早就有人做了。"正如大部分创业者在初期被认为不靠谱一样，58同城起步时也不被看好，但他一直饱含信心并能够笑对争议："58做到现在，也感谢一路下来批评我们和表扬我们的所有人，让58走到今天。"

为什么说理想重要呢？"理想也是创业者很重要的武器，不断讲就能打动投资者，打动客户，甚至可以用来挖人。"比如58同城的第一个客户甚至都没有用过网站，看了媒体报道后就直接将广告费交到了前台，他对姚劲波说："你在做的事情是我想做的，你现在做这么大，我做不了了，希望通过行动表示支持。很高级的人加入你，不是因为薪资，你也没办法提供那么好的办公环境，往往是理想。"理想为什么会有如此大的魅力呢？姚劲波认为："你去挖人，也许对方看重的不是高薪水，而是你的理想吸引人，你的理想常常对媒体、客户、员工讲，让你的理想变成对方的理想，很多用户甚至愿意为你的理想买单，因为他知道你代表了未来。"

◎ "今天的创业是预计5年、10年以后的成功。"

姚劲波是连续创业者，成果斐然，他创办的学大教育和58同城先后在纽交所得以上市。而58同城之前，姚劲波已经有过多次互联网创业经历，是不折不扣的创业明星。

姚劲波大学毕业就踏上了创业道路，创办了一个叫易域网的域名买卖网站。2000年，他将易域网卖给万网，担任万网副总裁。在万网工作没多久，他选择离开并参与创办了学大教育。当时正值国内教育产业最火的时候，姚劲波将学大教育从单一的家教网发展为覆盖多项功能的学大教育。在学大教育走上正轨之后，他放下管理职务，着手建设58同城。

"我做任何事情之前都先看这件事情是不是未来的方向，即使现在开始创业，等这件事情能够真正成功，也得是5年、10年以后的事了，创业到能上

 自我管理

市的平均时间是7年，58同城到现在是8年。"姚劲波想用自己的创业经历告诉创业者，创业是一个长期的过程，不仅要把眼光放长远，还要一步步坚持下去。为什么这么说呢？姚劲波在演讲中表示："一个公司从开始到上市，普遍规律是5到10年，时间很长，要享受这个过程，这样就会把对手拖死，可能对方不享受这个过程，熬不住就先撤退了。"所以，"今天的创业是预计5年、10年以后的成功"。

◎ "你在互联网创业，专注是第一位的。"

很多人认为现在的创业机会比以前少了，姚劲波却说："其实时机好不好，你要回头看，在互联网做个平台，做个什么企业，那个机会可能没有了。但是现在互联网渗透越来越深，互联网创业机会不是更少了，而是更多了。"他进一步解释道："搬家、租车、教育、家教、找教练，有太多太多机会，每一个细分的市场，你乘以中国14亿人口，乘以中国的380个城市，乘以中国GDP这个增长速度，未来5年、10年又是一个巨大的产业。"

中国正处于快速发展的时期，年轻的创业者"创业选择一个细分的点开始，像刀刃一样尖锐，做到极致，比谁都好，58一开始就是做租房"。"创业不但要踩准点而且要趁早。"那么如何找到这个切入点呢？姚劲波认为如果自己当下从事的行业在未来五年还符合国人的消费习惯和生活习惯，那就可以坚持下去。

姚劲波劝告年轻的创业者，在互联网行业创业，专注是第一位的："未来的十几年依然是特别好的十几年，因为中国社会在变化，只要在变化，就会有机会，这种变化可能是多个维度的。而太多的机会，只要你抓住一个，预判十年以后这个社会应该是什么样子，你找到这个点，然后持之以恒地努力，我觉得每个人都有机会。"

> **创业家有话说**
>
> **姚劲波** 创业不能踩点
>
> 　　从当下来看,你从事的领域,未来五年符不符合中国人的习惯,如果可以肯定你就坚持。我反对创业踩点,VC可以如此,但是创业者不能这么想。创业不能踩点而要趁早。互联网金融应该是三年前做,O2O应该两年前做,早做就好组织资源,比如人才、资本等。

百年城董事长**吴云前**：
创业要坚持，要自知

吴云前

小时候的吴云前并不是一个好学生，初中毕业后他不肯上学，向父亲借了2000块钱和两个朋友去青海开起了裁缝店，那年他才17岁。他的创业经历涉及多个领域，过程有大起也有大落。对于吴云前来说，驱使他不断跨界并很少考虑风险的，就是他那挡不住的创业激情，以及他对创业这一行为的坚持。

◎"一定要坚持。任何一件事情，只有你自己去做了，才会有感受、有体会。挫折是正常的。做生意不怕赔，就怕停！因为赔了可以赚回来，而停了就意味着赚钱的机会没了。"

吴云前的创业激情在青春期就迸发了，那时他家里开着一个小蛋糕店，家人希望他"进"能继续求学，"退"就传承家业，可是家乡小店实现不了他的雄心，也安放不下他的梦想。他和朋友去了青海闯荡，开了一家小裁缝店，然而那里毕竟人烟稀少，吴云前认为还是不适合创业。之后，他到了大连，开起小服装厂，后来又改为经营布料，生意越做越大，越来越红火，直到百年城项目落成并成为大连的标志性建筑，他也因此被业界誉为"地产少帅"。

从服装、纺织品贸易、餐饮，再到商业地产，吴云前一直在跨界，他认为自己成功的原因就是认准了便坚持去做，自己有创业激情，不仅是因为幸运。用他的话说："创业要的是激情和坚持，例如很多人在北京开饭店，因为有人开不好关门了，就意味着饭店不能开了吗？你认为你能做好就全力以赴，坚持去做。看创业成功的企业，都是坚持走下来的。做产品和行业一下子就成大赢家的情况很少，就像买六合彩一样。"

吴云前的创业过程并非一帆风顺，曾遭受过重大损失，不过他自认为是个喜欢往前冲战胜困难的人，"我是个喜欢冒险的人，很少考虑风险，创业要是留后路，考虑得太多，对我来说就不能全力以赴了。有的人可能可以做到，但我不行"。吴云前谈到，做生意最重要的是要坚持做下去："一定要坚持。任何一件事情，只有你自己去做了，才会有感受、有体会。挫折是正常的。做生意不怕赔，就怕停！因为赔了可以赚回来，而停了就意味着赚钱的机会没了。"

◎ "今天的年轻人还是需要自我评估一下，在创业时先考虑清楚，这样对未来才好，少走弯路，对同行多去调研，多去学习。"

如今虽然社会在鼓励创业，但很多人认为创业越来越难，因为市场逐渐趋于饱和，很难发现商机。对此，吴云前不敢苟同，"社会永远在进步，现在的条件绝对会比以前好。就看你用什么角度去看。如果一味抱着这种想法，那还要后代做什么？到他们那一代，岂不是更没有生意做，更没有钱赚？"在他眼里，似乎到处充满机会。2013年，他推出"喜瓜"这一社交软件，定位在移动互联网时代的社交电商，目的是打造"下一代电子商务平台"的整合创新模式。喜瓜是吴云前在移动互联网时代的二次创业，他决定用十年时间来专注发展自己的电商事业。

不过，吴云前也承认，如今的创业环境的确发生了变化，他提醒年轻的创业者们，创业之前需要作自我评估："以前我们做事情是拍脑门，今天的年轻人还是需要自我评估一下，在创业时先考虑清楚，这样对未来才好，少走弯路，对同行多去调研，多去学习。现在太多的人一拍脑门就作决定，这样的话风险是很大的。多作事前评估，人有个认知错觉，老觉得自己做的事一定能行，事实上别人不一定这么看。"简单来说，"首先要看自己是不是有很好的

 自我管理

创意、想法，另外要看自己要进入什么行业，这个行业的竞争要去考虑，你有什么优势，在这方面有没有合适的人才，还要考虑你有没有合适的合伙人，能把这件事情做成"。

创业家有话说

吴云前 谈自我评估

创业还是要考虑一下自己有没有一技之长、自己的优势、自己比别人强一些的地方，或者自己在某方面有更多的感悟和理解并形成自己的资源。比如比尔·盖茨最初创业时，他妈妈在IBM，他可以拿到IBM的订单，这是他的资源；他的长处是在他那个时代对软件很了解。再看史蒂夫·乔布斯，他对市场的感觉和对未来的把握很敏锐。创业要做自己的长项。

启明星辰创始人兼 CEO 严望佳：
创业者需要有文化的支撑①

严望佳

严望佳从事计算机技术，被称为"反黑女斗士"。然而，她本身却很难唤起"铁娘子"、"女强人"之类的想象。她长发披肩，声音温柔，非常秀美婉约。她的古典气质与她多年受中国传统文化的熏陶有关；她对哲学和人文的热爱也在创业路上滋养了她，给予她更多的智慧和安宁。

◎ "创业者每天面对的东西，大部分都是苦难和问题，而不是感觉很骄傲，认为自己很有成就感。这时人文的东西就会给你带来心灵安顿的力量。"

严望佳出身书香门第，归国创业除了想填补国内信息安全产业的空白之外，也与她对中国传统文化的热爱不无相关。她的办公室里挂着"彩云归"和"铁肩担道义，妙手著文章"的书法作品，还摆满了玉器。

爱好人文对严望佳的影响非常大，体现在生活的方方面面，也折射到她的创业经历上。创业是一条非常辛苦的路，创业者会遇到数不清的艰难困苦，这时需要人文的力量来调节和呵护。"一个企业不可能没有问题，即使现在没有，随着时间的发展也会遇到问题。创业者每天面对的东西，大部分都是苦难和问题，这时人文的东西就会给你带来心灵安顿的力量，这种力量是除了创业者的远见卓识之外的另外一个重要素质，这是不能没有的。"

---

① 本文根据中国与全球化智库 CCG 在 2015 年 8 月 16 日对严望佳的采访整理而成。

人文不仅能滋养创业者,还能增强团队的凝聚力。构建在人文精神上的企业文化,可以起到团队润滑剂的作用。"怎样激励团队,怎样让大家对这件事情有信心,特别是在遇到困难的时候,这时企业文化很重要。现在的企业都是按西方管理科学构建的一个大机器,大机器要想平顺地运转,需要润滑剂。但西方的润滑剂和中国的润滑剂不一样,我更主张将中国传统文化作为企业文化和润滑剂。"

◎ **"企业不可能没有利润,但是首先企业必须要创造价值;企业如果脱离价值,单谈利润是不可能的。"**

严望佳喜欢佛家思想,有些人认为这太出世,太消极,她觉得这是一种误解。佛家思想让人不要太过于执著一些事情,让人有分辨的智慧,了解什么才是最重要的,了解规律所在。

对于创业而言,尤其体现在价值和利润的关系上。利润的真正来源是企业创造的价值,因此创始人应该把时间和精力集中在创造价值上,这样自然能产生利润。"企业如果脱离价值,单谈利润是不可能的。你要先给客户带来什么,客户才会拿钱来购买。如果你注重客户拿钱来购买而不是为客户创造价值,这就本末倒置了。企业经营的核心是创造价值,我们谋求的应该是价值本身,而不是利润。有了价值以后再谋求利润是一件比较简单的事,无论是设计利润模式还是其他的。"

另外,严望佳认为:"企业家必须是积极的,企业家要有进取心,企业家对苦难怎么看,怎么看待周围的环境,怎么处理你和别人的利益关系,这点和佛家很相似的。"

◎ **"如果把幸福都集中在外在而不是内在是不可靠的,人最难的不是征服世界,而是自己,创业者应该是要不断超越自己。"**

严望佳谈到,创业者要在创业路上做好自我管理,就应该多增强自己的文化素养和人文底蕴，对创业成功和幸福有正确的心态。对有的创业者来说，创业成功意味着获取名利，其实真正意义上的创业成功是不断去超越自己，不断和自己较劲。"哪怕创业成功以后，你也会发现新的目标，所以要不断超越自己，在成功路上睡大觉的话，未来发展就没有什么潜力了。要不断超越，不要骄傲，不要认为自己很伟大、很成功、比别人强，如果没有人能超越你，你就不断超越自己，这样才有发展的潜力。"

"人都会拷问自己，活着是为了做什么？可能年轻时拷问得少一点，随着年龄增加，所有人都会拷问人生的意义在哪里，什么是真正的幸福。"当目标和重点放在超越自己上时，创业者也更容易得到幸福，"如果把幸福都集中在外在，而不是内在，比如必须要创业成功才幸福，必须要有人特别爱你才幸福，这些都不可靠，不是说外在不重要，但只有创业者有较深的文化底蕴才知道，只有内心什么都不缺，没把自己的幸福和希望全部寄托在外面的话，才有可能获得幸福。如果没有内心深处的东西作为来源，总有一天即使你成为世界上最富有的人，你也不会幸福。"

创业家有话说

严望佳 谈心灵安顿

> 佛家和道家都不是消极避世的，它们关心的是宇宙的客观规律，当你找到这些客观规律，能安顿自己的心灵，面对困难也很安静的时候，你的能力会发挥得最好。当你真的放下，你会有智慧，能把企业的事情做得更好。

真格基金联合创始人王强：
创业者的心胸"只比宇宙大一点点"

王强

大叔王强非常满意自己作为天使投资人的新生活，"创业的年轻人，个性千奇百怪，想法也千奇百怪。所以，天天跟海内、海外、江南、江北的男男女女、老老少少谈他们的创意，谈他们在生活中逐梦的感觉，很是享受。其间，如果你能找到一个接近商业的靠谱项目，成就感便非常强"。他甚至希望向上天再借30年，一路工作到80岁。

王强还是有名的书痴，明明爱书如命，无书不欢，却傲娇地给自己的新书取名为《读书毁了我》。阅读这一爱好使王强非常善于抽象总结，在对创业者提供建议时虚实结合，有理有据，娓娓道来。

◎ "天使投资，投资的是梦想，梦想怎么能审计呢？所以只要是你这个人的事业，不管你做什么事我们都会投资——哪怕是我们不理解的项目。"

王强在判断项目是否值得投资时，原则有三条："第一看人，第二看人，第三还是看人。"在他看来，没有"投事"的理念，只有"投人"的理念，相比企业本身，对创业者自身的考量更加重要。

王强认为，创业者是否有做事激情，是否怀有梦想，并全心投入来实现，这是判断创业者的关键因素。"天使投资，投资的是梦想，梦想怎么能审计呢？所以只要是你这个人的事业，不管你做什么事我们都会投资——哪怕是我们不理解的项目。"梦想是前提，"天使投资是在真正优秀的人自己对于梦想还懵懂的时候，投资人就开始帮助他，这才是天使投资最本质的东西，有精确数据支撑的那是VC、PE"。例如，猛犸浏览器发明者季逸超并不关注能否上最好的大学，却在自己感兴趣的事情上全力钻研，结果19岁就做出浏览器猛犸象。王强对此颇为赞赏："这个也是新一代创始人的一个品质，做创始公司成为探索人生生命乐趣的一个最终极表现。"

◎ "你必须想得非常清楚，你的生命的终极目的是什么。最后创业胜出的人，全对这个问题有非常明确的回答。不是为了钱，他要获得人生另一个最重要的东西——一张人生取之不尽、用之不竭的信用卡。"

诚信是创业者必不可少的素质，建立自己的诚信体系，是创业者实现长期发展的必要因素。"你必须想得非常清楚，你的生命的终极目的是什么。最后创业胜出的人，全对这个问题有非常明确的回答。不是为了钱，他要获得人生另一个最重要的东西——一张人生取之不尽、用之不竭的信用卡。"

为自己代言的陈欧被王强反复提到。陈欧在做聚美优品时，已经经历了一次创业失败，但他继续将徐小平投给他用于第一次创业的18万美金作为聚美优品的股权，这样"陈欧建立了一个信用体系，虽然我暂时失败了，但是请你相信我这个人。他其实已经获得了人生中最重要的一个东西，就是信用卡"。同理，龚海燕在创办世纪佳缘时，曾找网友借了8万，虽然对方表示这钱是送给她的，但她在世纪佳缘上市时，用IPO的价钱折算还给了对方，8万变成了8000万，简直可以感动中国。

王强认为这实际上是一种大智若愚，"真正得天下的人，创业精神中一个最大的基因是什么？是骗钱吗，是哄资本吗，是哄市场吗，是玩脑残粉吗？NO，首先是自己的良知。这两个人获得的不是一摞金钱，他们拿的是人生的信用卡。这种人生信用卡一旦获得，作为引领者的第一块基因就具备了"。

自我管理

◎ "作为创始人，他的心胸和思维方式，应该做到葡萄牙诗人佩索阿说的那样：我的心只比宇宙大一点点。要比你的行业、比别人的期望大一点点。"

创业者不是单打独斗的个人英雄，而是要建立团队一起战斗，"创始人要能够以别人无法替代的方式把不同阶段需要的人才吸引过来。一定要有意识地聚拢能够面对不同方向的核心团队"。

要建立起强大的创业团队，同样需要创始人本身的素质，优秀的人才能吸引来优秀的人，"如果你抱怨为什么招不到优秀的人，那么潜台词就是你不够优秀"。创业大事，要有胸怀，王强用了一个诗意的比喻："作为创始人，他的心胸和思维方式，应该做到葡萄牙诗人佩索阿说的那样：我的心只比宇宙大一点点。要比你的行业、比别人的期望大一点点。"

值得注意的是，王强认为，与老一代比起来，新一代创业者在胸怀方面尤其需要加强，不要自我意识太强，太过计较一些不重要的小事，"倘若一直把不重要的无限放大，那这一辈子都没有机会去触摸那些最重要的东西。你会频繁地找人、更换团队、追求权力的感觉，不停地循环。老大要学会包容，老二老三要学会认理，不要总是一味地挑战老大的权威"。创业者要加强自我管理，培养自己宽容的胸怀，这是创业成功的必备要素，"如果创始者不能有包容、宽容的心态，那么只能自己干。有了宽容的胸怀，才可能和团队一起把事情做成，只有真正把这个事情做成了，才会有最后的回报"。

创业家有话说

王强 谈诚信

不是你有人格，就能创业成功，但是，你如果坚守自己的人格，诚实、诚信，泰山压顶你都不弯腰的话，你就给了自己一个最重要的东西——信用。人格并不能保证你做事就一定成功，但它能保证你在不断失败的过程中，还能继续有汇聚资源的能量和能力。

金杜律师事务所创始人**王俊峰**：
创业始终在路上

王俊峰

毋容置疑，"国际范"的王俊峰在创业之旅上已经取得了骄人的成就，不仅在国内名列前茅，创造了中国法律服务业的多个第一，而且驰骋海外，成为中国企业海外发展的少有的法律专家，本人也被誉为"最有责任感的中国律师"。这些成绩得益于他一直以来的进取心，也与他谦虚的心态有关。王俊峰认为，自己的创业始终在路上。

◎ **"人的心中始终都要有一颗进取心，这在什么时候都很重要。"**

当年进入吉林大学法学系学习时，选择法律专业还算得上是"无奈之举"，因为学习文科专业的选择范围有限；王俊峰笑称自己是"误入歧途"，因为他小时候的梦想是成为解放军或者文学家。尽管年少懵懂，他的自我要求却很高，学习非常认真，"我心中追求与众不同的生活目标，很朦胧，但是始终有"，同时怀着强烈的进取心，"人的心中始终要有一颗进取心，这在什么时候都很重要"。他积极付诸行动，"我那时候就对带'国际'两个字的比较感兴趣，经常去国际法系听课"。

虽然王俊峰认为上大学的时候还"傻傻的"、"糊里糊涂的"，之后他的发展之路却越来越明晰，越来越有主见。毕业后，他到中国国际贸易促进委员会工作，在法律部做涉外法律服务工作，这时候他的进取心又被民族精神激发出来了，"在贸促会我主要从事涉外较大尖端项目的谈判，经常和国际大型律师事务所打交道，看着那些外国律师充满优越感的样子，心里很不服气，就想着

总有一天要和他们平起平坐，和他们直接竞争，为中国人争气"。这种"争一口气"的想法，是他1993年创办金杜律师事务所的初衷。

"很多人说王俊峰是一个很有事业心的人，实际上我并不是追求高的人，但是有一种民族精神激励着我"，王俊峰谈道。2002年4月，北京奥组委面向海内外公开招标法律顾问机构，金杜获选为北京第29届奥运会组委会惟一中国法律顾问。当时奥组委指定了两家律师事务所，国内和国外分别一家。最初，奥组委把80%的业务都给了那家国外的事务所，但之后由于王俊峰团队精益求精的服务，让本来是"配角"的金杜被委以重任，直到奥运会闭幕，金杜都一直承担着80%以上的法律事务。这正是他创业的进取心和民族精神的体现。

◎ **"为什么说创业在路上，是因为如果你不跟着走，你就落伍了。"**

在业界看来，金杜律师事务所的发展速度非常快，几乎让人不可思议，没有一个国家的律师事务所能在短短十几年里发展到这个规模。金杜不仅在国内飞速发展，还积极在海外扩张。2001年王俊峰收购了硅谷的一家律师事务所，成立了金杜在美国的第一家分所。2008年，金杜纽约分所成立，由此成为唯一在美国东西两岸均设立分所的中国律师事务所。如今，金杜在全球16个城市成立了律所，成为名副其实的"中国第一律所"。

但是，王俊峰并不认为他可以满意于目前的成就而松懈下来。他提到一段经历："留学期间有件小事，让我记忆犹新。我在伯克利分校读博期间常常跑回国内，一次回美国见导师，导师问，你不好好留在学校写论文，在忙什么？我回答，在忙金杜的工作，金杜现在已经是中国最大的律师事务所了。导师头也没抬，说：你知道吗？在美国，最大的事务所不一定是最好的。这句话令我震惊，让我意识到未来的路还很长，目光应当更远。"

事实上，王俊峰一直抱有"在路上"的创业心态，再大的成绩都是过去的事情，时代在变化，社会在变化，创业也不应该陶醉于过往，而是应该有忧患意识，积极面对变化的形势，鞭策自己前进。"每一天都面对一个变化的市场，过去了就归零了，创业要不断去面对新的市场。现在是大变革时期，科技的发展带来颠覆性的改变，也就是生产力和生产关系的改变。今天我们看到的变化，没有现在科技导致的人类文明和思想观念的变化大，这些影响还远远没有显露出来。所以，为什么说创业在路上，是因为如果你不跟着走，你就落伍了。"

> **创业家有话说**
>
> **王俊峰** 谈创业过程
>
> 创业不是儿戏，不是过家家。创业是个过程，不是一蹴而就的，走向成功是不断纠错的过程。

创业家谈 自我管理

奢侈品服务平台寺库创始人李日学：
创业者要坚持做自己的赛道

李日学

李日学热心公益，不仅设立了爱心衣橱和爱心书屋，还长期以个人名义在学校设立助学金，帮助孩子接受更好的教育，传播正能量，促进社会和谐。在商业竞争领域，他雄心万丈，说"互联网社会只有第一，要想活得好，就要做到最好"。因此，对创业者来说，找到自己的赛道，坚持下去，这才是王道。

◎ "对创业者来说，一定要坚持，别的东西都太虚。"

李日学说："我一直相信，这个地球是圆的，点子不错、机会也有、资源也充分的人，走对了方向，就会很快到达。而走错的人，地球是圆的，最终还是会回到原点，只不过花费的时间长一些。所以，创业的人要非常坚定地走下去，在商业上没有对错，每一个阶段都要相信你是对的。"在他的观念里，对创业者来说，一定要坚持，别的东西都太虚。

坚持下去不仅意味着要做出正确选择，更意味着要面对困难和挫折。"我相信每个成功的企业家，都不是一帆风顺，经历的绝望和煎熬，只有自己清楚。"近年来，"寺库"在奢侈品买家和用户之中变得越来越流行，业务成绩表现良好，但创业长达16载的李日学的确经历了很多困难和挫折。

刚刚创业时，李日学主要做家电生意，他依靠自己的努力感动客户并赢得了信任，但办公场所的一场意外之火将库房烧得损失惨重。回顾起来，李日学觉得不过是创业生涯中的一个小插曲。"我记得那次大火把办公室烧得什么都不剩，唯独公章还在，尽管烧得焦黑，但它让我感觉希望尚存。"创办寺库后，李日学同样经历过瓶颈期，2010年公司的资金面临多方考验，他一个人沿着长安街走了两个小时，尽管"当时的心情只剩下绝望"，但他清楚地意识到："一旦选择创业，信守的就只有'坚持'。"

◎ "你创造一个企业的时候，一定要做你自己心里的企业，一定不要做别人眼里的企业。"

李日学经常告诫创业者要做自己的赛道。"首先一个创业者，当他创造这个企业的商业模式的时候，他应该真的静下心去想，他想建造他的王国，到底是什么？如果他做的是为投资公司做的，那么赛道是为别人做的，我相信即便他开始拿到了钱，后面还是会失败的。"

那怎样做自己的企业呢？"以前对做企业来说，很难把个人兴趣和商业结合在一起，但社会越来越开放，未来可以在一定程度上较好地追寻自己的自由。"对于当今的创业者来说，将兴趣和商业结合起来能够更好地打造自己的企业，所以"你创造一个企业的时候，一定要做你自己心里的企业，一定不要做别人眼里的企业。因为每个创业者这一生只能实现你自己，你不能实现别人"。

李日学认为，每一个企业、每一个人一定有属于自己的时代。"作为一个创业者来说，只有到了自己的时代，把自己最优秀、最有价值的一面表现出来，他才对得起自己的创业，对得起自己的名声。"因此，创业者必须具有专注的品质，"每个创业者在自己的时代在的时候，一定要用最聚焦的精神、最专注的精神把它做到最好。"

◎ "在互联网时代，经营者受到很多挫折，然后很痛苦地去思考，很痛苦地去坚持，最后也会慢慢摸到脉。"

"一个企业的最高领导者决定了企业的发展速度，很多情况都是领导者一个人拍脑袋决定。"企业在发展过程中，面临的难点更多的是如何发现自己的天花板并想办法打破它，所以创业者要对企业行业有清晰的认识，透过现象把

握本质。

尽管已经进入互联网3.0时代,人们都在强调快速准确的商业秘诀,但在三四年前做奢侈品电商市场时,李日学的团队却做了两件"傻事":"第一件是将鉴定作为核心价值。没有资源也没有能力,就缩小范围,从LV和香奈儿开始,几个人翻来覆去地研究,拿不准的就到专卖店咨询店员。即使如此,客人寄卖的产品,有时候宁愿带着他们到专卖店鉴定,也不随便接受。"正是凭借工匠之心,他的企业取得了今日的成就。李日学坦言:"我没有奢侈品的背景,也没有互联网思维,不管在哪里卖,卖什么产品,基本商业原则都一样:通过扎实的服务满足客户的需求,取得用户的信任。"

欧洲有一个传统公司的接班人曾说:"我们不怕互联网思维,因为家族已经经历过很多代了,经历了多次大萧条。"这句话让他记忆深刻。他说,作为一个企业,商业的本质是不会改变的,基本原则都是一样的,创业者必须认识到,"即便是在互联网时代,经营者受到很多挫折,然后很痛苦地去思考,很痛苦地去坚持,最后也会慢慢摸到脉"。

李日学 谈"坚持"的重要性

以前做传统商业的时候,竞争是直接又惨烈的,很多顾客没在我们这里买东西,到别人家去买了。但还需要去直面。现在,很多互联网创业者很容易就放弃了,他们觉得这里很好玩,拿到一笔钱之后,很快就花掉了,自己都不知道钱怎么花,再接着重新创业。而我是上世纪70年代的人,我们很难理解,为什么这么快就放弃了?我一直觉得创业这个东西需要不停地修炼,不停地进化,一定能够有突破,而不是后悔为何当初那样轻易放弃。

猎豹移动公司 CEO 傅盛：
CEO 要把创业情怀变成具体问题

傅盛

在做创业这件大事的同时，傅盛也完成了一件算是了不起的小事——成功减肥四十斤。他认为这件事情比上市更值得夸耀，带给他的成就感更强，因为这证明了他年轻及寻求改变的心态。他甚至认为创业和减肥有着异曲同工之处，两者都与人的心理格局的逐渐变化有关，"就像爬山一样，你没有爬到那个山顶的时候，你永远不知道看下面叫作一览众山小。你在爬山过程中，每次回头一看你都会发现，你眼中的世界和你以前以为的那个世界是完全不一样的"。既然他把减肥都能琢磨出道理，在谈到自己的老本行创业时，自然有更多的体悟。

◎ "某个现象发生时，一定有某种规律。CEO 必须要透过现象看规律。"

猎豹上市以来一直饱受质疑，即使它的收入增长率高达 120% 甚至 130%，外界始终认为海量的用户量不真实，工具软件没有壁垒，中国企业海外商业化一直没有成功。"现象即规律。当某个现象发生时，一定有某种规律。"这些质疑迫使傅盛思考："我当时为什么会选择这条路？这条道路又是以怎样的方法映射下来？"

傅盛告诫创业者："CEO 必须要透过现象看规律。千万不要认为这家伙就是运气好，富二代，会营销。"太过简单地看问题，创业者很容易沦为批

自我管理

判者，但"有时候我们总结为运气，本质是因为抽象不出规律，只好说是运气"。

那如何具备良好的战略素养呢？傅盛认为，方向和定位是至关重要的，战略=（方向×10）×执行力。"一家公司的方向或选择，还要再乘以10倍，最后用强悍的执行力，在足够多的时间，变成清楚的战略。"所以CEO从创业开始就该知道想成为什么样的公司，并且要知道自己究竟要经过哪些努力，初期的创业者可以不太清楚这些，"但可以通过抽取规律，不断加强这种战略的思维"。

◎ "创业最大的难度就是太自由、没方向。"

刚从奇虎360出来时，傅盛用"海阔凭鱼跃，天高任鸟飞"鼓励自己，但他很快就感到迷茫和疑惑。面对充满选择的世界，他时常疑惑自己的决定是否正确，想法是否能够实现。后来他逐渐意识到："创业最大的难题就是太自由了，自由到你很容易失去方向。"

创业初期太自由、没有方向时，CEO做出一个重要的选择，其意义远远大于过后的很多努力。以原子弹的制造为例，"其实第一个造原子弹和后面再造出原子弹，难度是不一样的。天上和地下的差距"。为什么说方向重要呢？因为"没有做出原子弹时，这件事能不能做成是不知道的。你没有这条路径。当别人做出来后，你再重新造一颗。你知道，它可达。你把范围集聚缩小了，变成了工程性问题。而开始，只是探索性问题。两个问题的难度，截然不同"。

傅盛从奇虎出来后第一次见到雷军，雷军问他：在360这件事情上你的功劳大还是周鸿祎的功劳大？他想了想，回答：周鸿祎功劳大。后来，他逐渐明白了雷军为什么这么问。"坦率地讲，安全这个方向不是我想的。当时我认为，安全不可能做赢。"但是公司给了一个封闭性问题指明方向后，事情变得顺利很多。因为"没有方向时,你觉得都是方向。来回探索,大量时间被消耗。但给你一个固定性问题,叫封闭式、有区间问题。难度其实大幅度下降了"。

◎ **"CEO 的核心是树立一个简单可行的目标。树立一个越简单越聚焦的目标越好。"**

2010 年,一位记者问傅盛:"你的目标是什么?"他回答说:"我说要全力以赴地做成一家超牛逼的公司。"但记者提醒他这是状态,不是目标,"比如那个人,看着他天天打这个打那个,但他一直想成为这个行业前几名,甚至大佬。他会全力以赴,把一个问题、一个方向,变成一个目标"。这时候他恍然大悟:"自己以前很多思考是错误的。因为以前都在想,如何做最好的自己,如何变牛逼。看上去有目标,却把状态误认为目标。"

"我们在创业过程中,可能最难的就是把自由度变成一个具体问题,变成一个具体目标。"要想降低创业难度,CEO 必须提出一个简单可行的目标,傅盛认为这需要"把一个开放式转变为封闭式问题"。具体怎么做到?傅盛结合自己的经历进一步解释:"金山网络,要成为全球最优秀的互联网公司。我发现不够。……我说要变成国际化的公司。还是不够。我说要变成中国公司里移动端国际化最好的公司。仍然不够。最后变成一个封闭式的问题,说起来没那么有情怀。我说,成为国际上移动端的 360。"

所以,创业公司 CEO 最核心的问题就是能把创业情怀变成具体问题,而"人和人之间最大的界限就是思维模式。思维模式看起来很简单,但你要突破这层窗户纸,难度比你想象得还大"。

自我管理

创业家有话说

傅盛 谈 CEO 制定目标能力

CEO 的核心是树立一个简单可行的目标。树立一个越简单、越聚焦的目标越好。尽管这个目标可能在过程中不断变化。阿里巴巴的口号是"让天下没有难做的生意",但我觉得,它的封闭式问题是什么时候销售能够超过沃尔玛,以及怎么超过沃尔玛,用怎样的方式超过沃尔玛。

创业过程中,开放式变成封闭式问题的转换能力,是我们真正最需要的核心能力。

聚美优品创始人陈欧：
创业者的热情和判断能力必不可少

陈欧

创业期间，陈欧常吃的菜是番茄炒鸡蛋，因为这是"本质上看起来很好的菜，便宜、营养又足，又有足够的蛋白质，吃一段时间皮肤还好"。果然是性价比极高，这也符合陈欧非常看重投资回报率的行事风格。聚美优品上市之后，陈欧吃着他的麻婆豆腐盒饭，反问谁说上市了就要大鱼大肉？这位年轻的高帅富CEO继续质疑着社会的想象，践行着自己的规则，同时逐渐理解了创业危机感和不安全感，开始绷紧了弦。

◎"我激励大家找到一个愿意为之赌上青春的事情，找到一个愿意为之赌上青春的人。如果没有加油，现在来得及；如果再不加油，再过几年你只能纪念你逝去的青春。"

陈欧出生在一个看重"万般皆下品，唯有读书高"的知识分子家庭，然而这并不妨碍他逐渐丰满的创业之心。还在新加坡念书时，陈欧就伙同师弟创建了在线游戏对战平台，惊动父母远赴重洋谆谆规劝。去斯坦福上学上到一半，他的创业之心又开始躁动，与家人再次发生冲突，某次去美国时，他竟在安检的一刻还在寻机逃跑，然而父亲严加防守，监督他上了飞机。

回国后，面对父亲要求他当公务员的选择，陈欧果断拒绝，他要自己创业，要成立互联网公司，这次谁也别想拦住他了。陈欧磅礴的创业激情也感染了在美国的师弟戴雨森，他放弃了斯坦福毕业证书，与陈欧一起创业。因为师兄陈欧"是那种天生就要创业的人，当他在斯坦福的俱乐部演讲的时候，所有人都认定他一定能创业成功。关键是他有一种能把事情做成的说服力，你愿意相信并且追随他"。

陈欧谈道："我激励大家找到一个愿意为之赌上青春的事情，找到一个愿意为之赌上青春的人。如果没有加油，现在来得及；如果再不加油，再过几年你只能纪念你逝去的青春。"不过，热血不是鸡血，他还是友情提醒，"对于家庭贫困、身无分文的大学生而言，我还是建议先在优秀的创业企业中历练，搭车创业，会比自己去搭一个舞台容易"。

◎ "乔帮主[①]说过，'stay foolish, stay hungry'。今天我加一条，'stay doubtful'，保持质疑。"

2013年，陈欧在聚美优品301大促的经典广告里，一拳打碎面前的玻璃，一边包扎着流血的手，一边踩着满地的玻璃渣桀骜不驯地继续前行，这很契合他的创业过程——打碎规则，有媒体称陈欧为"不断越位的人生"。

在犹豫是否转向化妆品团购这一看似不是一个适合男人的创业方向时，陈欧想，"如果我们不好意思，别人也不好意思，所以更有机会"。事实证明，这果然是个正确的选择。公司崛起的过程，也打破了电商就是要烧钱的惯例，电商巨头们通过烧钱来换得时间和用户已成为行业规律，而"聚美在历史上只融了1300万美元，是整个电商行业融资最少的"。

陈欧补充，"乔帮主说过，'stay foolish, stay hungry'。今天我加一条，'stay doubtful'，保持质疑"。也就是说，公司的发展过程中，不要被业界存在的规则和现象所引导，而是要保持自己的思考，面对真正的问题。

[①] 公司创始人史蒂夫·乔布斯（Steve Jobs）在斯坦福大学毕业典礼上致辞中的最后一句话。

具体而言，陈欧提炼出四个质疑：质疑商业模式，在高速发展的互联网变革中，对自我和商业模式保持持续的质疑；质疑扩张，不要做盲目扩张的土豪企业，要自己判断想解决的问题；质疑用人，不要被对方的光环所迷惑，"记得反问自己，这个人真的能帮我解决问题吗"？质疑广告，"当你拿到钱的时候，千万不要头脑发热；当你建立起投放框架前，一定要学会质疑广告"，"没有对广告的质疑，今天的聚美会跟无数的企业一样把上千万、上亿的广告烧掉"。

◎ "我的创业不是像媒体报道得那么风光无限，我只是一个想法很多的人，喜欢去把想法付诸实践的人。创业是熬出来的。我从来没有想到创业的过程会这么艰难。"

成名够早，长得够帅，钱也够多，陈欧却觉得创业的风光是媒体报道的，自己却是历经艰险。"谁都觉得我特别顺，可是谁都不知道，我是怎么从一个个坑里爬出来的，我的人生就像是一个壁球，当生命给我巨大的压力的时候，我反弹得比谁都高。"

陈欧的创业路几经挫折，第一次创业公司成功了，自己却失去了对公司的控制和话语权；第二次创业在中国遭遇水土不服，很快公司的钱就花光了。第三次创业刚开始看起来顺风顺水，聚美优品提前完成若干年的规模扩张，但乐极生悲，大促时遇到系统崩盘、货物爆仓，紧接着又是假货风波，一时间骂声铺天盖地。

陈欧形容这些危机让他"从云端直接跌进谷底"，对他是极大的挫折。不过，他也因此深刻反思，着力解决，重组团队，聘请合格的人员，让化妆品贴防伪码……他坦言："我的创业不是像媒体报道得那么风光无限，我只是一个想法很多的人，喜欢去把想法付诸实践的人。创业是熬出来的。我从来没有想到创业的过程会这么艰难。"不过在这过程中同样有巨大的成就感，"创业的

 自我管理

过程并非全是痛苦,我们要学会享受创业"。

陈欧 谈创业者

创业者应该具备领导能力、强大的判断力和学习能力,以及必不可少的创业激情。

果壳网创始人姬十三:
我不希望成为精神领袖

姬十三

作为专注于科学的理工男,姬十三是理想主义者,他自己认为创业是实现他理想的最好渠道。如今他已经被众粉丝围绕,被称为"姬大"、"姬爷"、"十三叔"。姬十三对科学的热爱,聚集了一批志同道合的人,也影响了他的团队管理。

◎ "(选择团队成员上)最主要是看能力的匹配度,在这个基础上可能会看一些价值观和文化层面的东西。"

姬十三的创业动机与他的理想主义有关,他不希望像一些同行那样,对科学的热情被研究所枯燥的实验消耗殆尽。博士毕业后,他先是做了自由撰稿人,专做科普写作,很受欢迎,收入不菲。出于用大众能看懂的方式宣传科学的想法,他创办了科学松鼠会,剥掉科学的坚硬外壳,后来又成立了果壳网,标榜"科技有意思"的导向,成为国内首个知名的科技知识社区,以推动科学向公众的传播。从始至终,"科学"是他创业一以贯之的导向。

对于"科学控"的姬十三来说,选择团队成员,"最主要是看能力的匹配度,在这个基础上可能会看一些价值观和文化层面的东西",因为"创业时的团队是企业的核心,决定了企业的氛围,以及企业能走多远"。自然而然,"爱科学"就成为对团队成员价值观的要求,"特别对那些做内容和运营的同事,我们很在意价值观的匹配",科学价值观和科学方法论被团队成员一致认同、共同遵循,连大家的口头禅都是"这不科学"。

自我管理

姬十三举例：曾经面试过一个运营总监，能力到位，经验丰富，看起来很匹配，可告别前这位候选人却提出要给他看看掌纹，最后没能得到录用。他还提到，比如一个科学编辑没有科学精神，只是主观盲目地坚决反对转基因技术，这可能就不符合果壳网的要求。此外，果壳网和雕刻时光合作了一个科学咖啡馆，其中的一款咖啡就是"这不科学"。

◎ **"我不希望也不愿成为什么'精神领袖'，精神领袖是供人瞻仰的，大家都是凡人，凡人就有弱点。"**

果壳网目前员工约一百人，公司小而美，营造出符合年轻人兴味的温馨轻松氛围。姬十三的工位混在员工之间，看起来毫无区别。姬十三说："我不希望也不愿成为什么'精神领袖'，精神领袖是供人瞻仰的，大家都是凡人，凡人就有弱点。"之前公司名气太小，还需要创始人作为灵魂人物来宣传公司，如今发展到一定阶段后，他更愿意走到后面去，发展果壳自己的价值和号召力。

目前，果壳网充分调动员工的积极性，组织方式很像内部创业，"整个公司内部的创新力量比较足，大家的想法需要有一个释放的地方"。公司原有的部门结构按照项目制来重新组合，每个项目有一个二三十人的团队，管理一个独立的产品，其中创意类的小项目，公司是放开管理，项目负责人有很大的决定权。姬十三、CTO、COO等五个人组成了评审委员会，每三个月开一次评审会，讨论大家的项目，"我们的评审标准其实和大公司在外面看创业项目差不多"。项目制管理卓有成效，"在项目制下，我们产生了非常多的项目，保证员工在一定的范畴内能够施展拳脚，而不是单靠依赖管理层拍脑袋"。

不过虽然管理扁平化了，遇到大事，创始人还要自己去扛。"创业仍然是要靠自己，大部分情况下你们要自己去面对一个新的项目，你们要花很大力气来决定这件事情该怎么样做。"姬十三提到创业最难的是"独自"——独自来面对一切，独自来作判断，独自来承受压力，独自来面对所有的需要解决的细节琐事,"所有的人都可以说'哎呀我不知道,我问问领导',但是你不能这么说,而且有时你不知道这个判断是对的还是错的"。

姬十三 谈"独自"

不是所有人都适合创业,特别是你当创始人,就意味着是你来独自面对所有问题,所有下面的人都可以把事情往上面推,但是你不能再往上推。

创业知识汇

CP2C 与 C2B2C

◆ 乐视网先发起的 *CP2C* 营销

CP2C（Customer Planning to Customer）又被称为众筹营销，是一种新型的营销模式，由乐视首先发起，通过消费者给厂家发送订购邀约及自身需求，厂家在下单之时就给出生产排期和产品追踪。这种营销方式不再是通过产品来吸引顾客，而是用订单来驱动生产，改变了市场的驱动方式。这种营销方式既能满足顾客的个性化需求，又能分担厂方的生产投资成本，不过缺点是生产周期过长，不适合不想等待的消费者。

◆ 以淘宝商城为代表的 *C2C2B*

C2C2B（Consumer to Consumer to Business）以淘宝商城为代表，是指通过企业的电子商务平台，一群有共同消费需求的顾客在互联网交流想法和感受，通过这种途径向企业提供信息。企业根据信息来满足顾客需求，销售他们满意的产品。企业还对顾客进行价值评估，吸引顾客参与企业服务来创造价值。

关注感受的体验式营销[①]

◆ **体验式经济时代需要体验式营销**

体验式营销伴随着体验式经济而来。美国未来学家阿尔文·托夫勒（Alvin Toffler）曾预测：服务经济将走向体验经济，其中与体验有关的经济活动将越来越多。生产行为将以提升服务为首，而商家也靠提供服务取胜，消费者的行为将追求感性与情境。

因此，体验式营销也关注消费者的感性需求，注重消费者与商品的联系与互动，关注消费者的感官（Sense）、情感（Feel）、思考（Think）、行动（Act）、关联（Relate）。

体验式营销（Experiential Marketing）是指企业通过采用让目标顾客观摩（See）、聆听（Hear）、用（Use）、参与（Participate）等方式，充分刺激和调动消费者的感官（Sense）、情感（Feel）、思考（Think）、行动（Act）、关联（Relate）等感性因素和理性因素，使其亲身体验企业提供的产品或服务，从而促使顾客对产品的认知，促使其购买产品或服务。

◆ **体验式营销关注消费者在消费前后及消费过程中的体验**

与传统思考方式相比，在体验式营销中，消费者不再假定为纯理性，而是兼具理性与感性，关注到消费者的情感需求方面。这与社会变化下消费需求日趋差异化和多元化相关。在这样的背景之下，消费者在消费前、消费中、消费后的体验，成为研究消费者行为与企业品牌经营的关键。

体验式营销的核心理念是：在全面客户体验时代，需要对客户进行深入的了解，关注其对产品和服务的具体体验，并将其应用到自身的产品和服务中，使消费者感受到被尊重、理解和体贴。

---

① 本部分参考了百度百科"体验式营销"条目，详见：http://baike.baidu.com/link?url=lQBJd44QUtLY8_17r9czkaCp1kZfWdAdpfTGgVk5zaxw-i5U3p182p_Mg9MvCK97PoqdKjZBkvhfNOXrMe1pYq。

创业知识汇

◆ 体验式营销要树立顾客导向，立体营销

想实施体验式营销，可以试试这几种策略：

1. 树立"顾客导向"的全面体验营销观念；
2. 制定体验营销战略，实现体验营销立体化；
3. 充分利用现代计算机网络手段，实现体验营销的网络化；
4. 开发体验营销的策略组合。

◆ 宜家和苹果都是体验式营销的代表

作为家居业代表，宜家通过各种产品，传递出一种现代和时尚的北欧生活方式，是体验式营销的代表。

苹果不管是产品设计还是品牌专卖店，都堪称体验式营销的典范。

痛并快乐着的痛点营销

◆ "痛点"是消费者没能满足希望、实现期待而内积或爆发的"痛"

"痛点"是指在某一项产品或服务中，由于消费者没有在其中满足原本的期望，从而产生了心理落差，这种落差是基于同行业的竞争而做出对比后形成的判断，因此在消费者的心智模式中形成负面情绪甚至爆发，感到不愉快和"痛"。

◆ "痛点"营销就是要找到并除掉消费者的"痛"

企业通过创造差异化体验——企业将重心放在核心诉求点上，其余无关或不甚重要的可以设置为痛点——来实现消费者的愿望，打动消费者的心灵，消除消费者的疑虑，激发其购买产品或服务的欲望，消除原来的落差，甚至利于产生或提高消费者对企业的忠诚度的营销策略，是属于基于心理感受对比的体验营销的重要手段。

◆ 痛点怎么找？

痛点是基于心理感受对比的体验营销的重要手段，怎么找到它呢？

第一，从客户的立场、意愿、期望入手。充分地解读消费者的消费心理，了解其真正需求。

第二，基于核心诉求的减法来设置痛点。从市场中产品、资源和服务入手——对本企业以及竞争对手的产品和服务进行对比，实现差异化定位，通过细分市场寻找痛点。通过聚焦在核心卖点上，可以充分利用企业有限的资源，同时更容易做得出类拔萃，得到消费者的认同。

◆ 知己知彼，痛点营销才百战不殆

当设计客户体验时，痛点可以发挥巨大的作用，既能对比出体验中的愉悦，还可以节省资源。

一、企业内部角度：痛点营销要求营销过程中每一步都必须抓住顾客的痛点，因为痛点营销的核心就是基于对比，所以必须给目标消费者制造出不购买本企业产品和服务就会产生"痛"的感觉，或者不能消除前期的期望落差。企业要构建让消费者满意和愉悦的兴奋点，同时制造出痛点，从而更好地激发消费者购买我产品或服务的欲望，达成企业营销之目的。

二、企业外部角度：通过与竞争对手的产品或服务对比，给目标消费者制造出痛点，主要目的是让消费者感知到只有购买本企业产品或服务才能满足，而购买竞争对手的产品或服务则会感到"痛"或期望落差。

◆ 痛点营销可以"化敌为友"、转败为胜

案例：某家厨房电器的吸油烟机在初期上市后，收到大量投诉，问题集中在吸油烟机的滤油网上。厂家经过调查发现，在设计产品时为了降低生产成本，吸油烟机的过滤网采用镀漆铁丝来加工制造，当在高温、高腐蚀环境下就会出现油漆剥落的现象，继而严重影响美观和滤油网的擦拭工作，引起消费者极大的不满。但若全部更换新的滤油网不仅是模具开发的问题，也容易引起市

场的反弹，怎么才能及时化解这个营销痛点又能维护企业的品牌形象呢？

企业决定每年都为用户免费更换一次油网，同时赋予该活动新的品牌内涵，打造出"免拆洗"的消费诉求。这样既能保证产品本身质量问题，同时又让消费者感受到厂家服务的温暖，赢得消费者的口碑，极大地提高品牌竞争中的差异化。从而将原本的痛点变成痒点和兴奋点，极大地提高了品牌的溢价和口碑传播。[1]

"分封诸侯"打江山的内部创业[2]

◆ 内部创业，就是划定山头，分封诸侯，让员工翻身做主人

内部创业是指企业支持有创业意向的员工，为其提供资源实行内部创业，达到企业战略调整、组织革新、技术创新、产品和服务创新以及新业务开拓等目的，员工与企业分享成果。内部创业的根本目的是使企业获得持续竞争优势，促进企业的持续发展。

◆ 内部创业是员工和企业的双赢

对员工来说，相对于另立山头、自力更生的创业方式，内部创业的优势显而易见。由于创业者对于企业环境非常熟悉，在创业时大多不存在资金、管理和营销网络等方面的问题，能集中精力于新市场领域的开发与拓展。即使创业失败，创业者所需承担的责任也小得多，消除了后顾之忧，大大地减轻了他们的心理负担。

---

[1] 案例引用自《营销：不可或缺的"痛点"体验》一文，中国电子商务研究中心，2012年11月06日，http://www.100ec.cn/detail--6066278.html。

[2] 本部分内容参考了百度百科"内部创业"词条，详见 http://baike.baidu.com/link?url=eac-doA-LC4hfAEcG8vSE6UDvDgfKHouKOsXxxbk_lq7NanCBVRD4qQRYieo6-fLcpnJEbrBWvpRXVikoucZwq，以及MBA百科"企业内部创业"，详见 http://wiki.mbalib.com/wiki/%E5%86%85%E9%83%A8%E5%88%9B%E4%B8%9A。

对企业来说，内部创业机制通过满足员工的创业欲望，使得精英员工在更高层次上获得"成就感"，既能留住优秀人才，也避免了员工自行创业后企业资源流失，或者对企业造成竞争，还利于企业自身采取多种经营方式，扩大市场领域，节约成本，激发企业内部活力，延续企业的发展周期。

◆ 国产手机巨头华为就是内部创业的先行者

国内通信业巨头深圳华为正是内部创业的先行者，目的在于解决机构庞大和老员工问题，激发企业自身的创新活力。华为通过内部创业的方式，通过将自身的非核心业务与服务业务社会化，并提供一些资源给公司的优秀人才，协助他们走出去创办企业。比如广州市鼎兴通讯技术有限公司就是一家华为的内部创业公司，承担华为公司湖南、江西、广东市场近1/3的工程安装调试工作。这类公司的存在为华为解决了很多发展中的问题，减少了企业的市场运作成本，促进了企业的创新，增加了企业的活力。

◆ 内部创业要定好方向，选好贤能，充分授权，做好奖励

定好方向：内部创业时，企业要清楚表达公司的发展战略，使内部创业者了解公司未来的远景与目标，从而在具体的创业事务中有大致的遵循方向。

选好贤能：内部创业要选拔出最适合的人才，即企业内部具有创业潜力的人才。对于创业者来说，物质回报只是一部分，自我实现感、成就感以及工作的自主性是他们非常看重的。他们还往往具有奉献和献身精神，眼光长远，不被眼前小利所蒙蔽，且具有很强的执行性，能让创意落地，得到实践。此外，内部创业者还需要有领导力，能召集和凝聚创业团队。

充分授权：企业应予内部创业的团队以充分的自由，在一定范围内，允许创业团队可自由支配资源。同时，企业也可对创业团队要求成果责任。

做好奖励：企业可以通过红利分配和内部资本的双重奖励制度来激励内部创业的行为，包括升迁、分享成功、可自由支配的内部资本等。值得注意的是，企业要对内部创业抱有一定的宽容，要允许其尝试，容忍犯错。

初创公司,更需要扁平化管理模式

◆ 多见于传统企业的金字塔式管理

传统的管理形式主要为金字塔形,即在一个企业中,其高层、中层、基层管理者自上而下地组成一个金字塔状的结构,层级分明,体系森严。董事长和总裁位于金字塔顶,通过各个级别的管理层逐级传递指令,最终传达到执行者;反之,基层的信息也通过逐级上达,最终传达到最高决策层。

◆ 扁平化管理多见于互联网公司,尤其适合初创企业

相对于"等级式"管理构架而言,通过减少管理层级、压缩职能部门和机构、裁减人员等,将金字塔状的组织形式压缩成扁平状结构,较好地解决了等级制管理层次重叠、冗员多、组织机构运转效率低下等问题,促进了沟通,提高了决策效率,更能适应变化。

◆ 实施扁平化管理的小米公司

小米的成功与扁平化管理有关。小米内部只有三个层级结构:七个核心创始人—部门主管—员工,团队稍微大一点就被拆分成小团队。除了七位创始人有职位,其他人都是工程师,没有设立职位。在小米,员工晋升的唯一奖励就是涨薪,执行上一竿子通到底。这样一来,员工不需要考虑太多的杂事,可以一心扑在事业上。

小米的扁平化结构,是基于公司对产品的看重、对做事的强调和对员工的信任。雷军曾谈道:"扁平化是基于小米相信优秀的人本身就有很强的驱动力和自我管理的能力。设定管理的方式是不信任的方式,我们的员工都有想做最好的东西的冲动,公司有这样的产品信仰,管理就变得简单了。"

◆ 依赖于小团队、注重沟通的 Facebook

Facebook 依赖于小团队，如今遍布各大网页的"like"按钮就是由一个三人小团队所开发：一个产品经理、一个设计师，以及一个兼职工程师。如今这个按钮已经被广泛使用，各大主流网站都将其嵌入。

公司的创始人马克·扎克伯格（Mark Zuckerberg）非常注重沟通，他讨厌会议，最喜欢与员工一对一面谈。据称，扎克伯格每周会与员工进行长达数小时的对话，坦诚回答员工所提的任何问题，如果他不能作答，将由公司 COO 谢丽尔·桑德伯格（Sheryl Sandberg）及团队进行解答。

初创公司，别说企业文化与你无关

对创业企业来说，打造企业文化，用公司的形象魅力来吸引和凝聚人才，是推动公司发展的重要力量。对进入职场的年轻一代而言，是否进入一个企业工作不仅取决于其是否拥有好的福利待遇或光明的发展前景，也与企业文化有密切关系。

◆ 初创企业同样需要企业文化

有的创业者认为企业发展壮大后才需要企业文化，其实不然，不管营收多少、规模大小，初创企业都需要企业文化。创造出适合的企业文化，吸引志同道合的优秀人才，为大家打造归属感，这对企业发展非常重要。如果不在早期有意识地构建企业文化，随着企业发展，会自发形成不受控制的企业文化，而它可能和创始人的想法相悖，并且积重难改。

◆ 初创公司的企业文化与创始人密切相关

与成熟公司相比，初创企业的文化与创始人密不可分，甚至有人说初创公司的文化就是老板本人的文化。创始人的不同创业动机、价值观、心性脾气等会吸引不同的人来，形成不同的团队氛围，最后形成不同的企业文化。但并

不是说初创公司的创始人一定要成为善于展现个人魅力的明星。事实上，创始人的人格魅力更多的是内在体现，而且创始人真正应该花时间在公司事务上，为企业的成功而奋斗，而不是将重点放在自我营销上。

◆ 初创企业打造企业文化，要注意树立公司理念，关注沟通和工作环境

对于初创企业而言，创始人首先需要明确自己的创业理念、经营态度，甚至对企业未来发展战略和走向有一定的思考，理念相似的团队成员才能同心协力一起工作，向共同目标努力。遗憾的是，很多初创企业都忽略了这点；其次，初创企业都是小团队作战，彼此信任、相互沟通非常重要，最大可能减少内耗，有劲往一处使；此外，打造平等、舒适的工作环境，也能提升团队人员的士气。

◆ 注重提高员工幸福度的 Google

Google 的企业文化是希望员工能快乐地工作，更好地发挥创造力。在成立之初，Google 就积极投资员工的幸福指数，提高员工的福利。其"自由式"办公区被很多职场人士所向往，办公区沙发随处可见，员工可以随意喝咖啡聊天，还有免费零食、饮料供应，甚至分不清哪里是办公区，哪里是休闲区。Google 还为员工提供较为完善的福利制度，包括三餐、医疗、旅游甚至洗衣服务等，公司内部设有游泳池、排球场、员工休息室和子女托管中心等。

Google 同样注重员工的发展和成长，为员工个人培训提供补贴。为了鼓励员工开发新产品，Google 还允许工程师将 20% 的工作时间用于自己喜欢的项目，以更好地激发工程师的积极性和创造性。

PART 4 亲历者说

走出挫败

零点研究咨询集团董事长、飞马旅创始人袁岳：
失败了还愿意坚持，离成功就不远了

袁岳

袁岳就像是上了发条的大忙人，学位多个、兼职无数、著作等身……被称为"多面超人"的他，很多人认为太能折腾，但袁岳深深以之为豪，并鼓励年轻人去多多折腾，"青春不可以安稳为依托"，"年轻的时候两样东西很重要，第一要折腾，第二要脸皮厚"。

◎ "失败让我们害怕，但勇敢地不断尝试可以改写失败的记录。"

"大众创业，万众创新"已经成为当今的社会风潮，袁岳认为，对于创业者来说，冒险、服务和动手是三个关键的因素。创业者首先要有冒险精神，"冒险"是探索不确定性，"服务"是关心他人，"动手"是想了半天不如试一试。他在演讲中表示："你们很幸运，年轻的时候已经可以站在一个比较高的

起点上，有较多的资源支持。只要你自身的确有想法，互联网会不断给你新机会。"

伴随着创业的理想情怀和冒险精神的，常常是失败。但袁岳表示："失败了就失败了。"因为"创业的本质是面对不确定性，接触不确定性，沟通不确定性，掌控不确定性，从而创造出确定性。但如果是简单的不确定性，那么其他人也能简单地了解与掌握，那么不确定性也就不是那么的具有魅力"。他进一步解释道，不确定性正是创新生活的关键。"如果你从小就知道将来娶的媳妇儿是什么样的，也许你就没有兴趣娶她了。创业也一样，应该选择一个你不了解、不知道，但是自己有兴趣探索的新东西。"

因为创业有风险，所以袁岳格外强调开始前的"折腾"，"我们要在行动之前，多些折腾、接触、实验、尝试，这样我们再去正式创业与行动的时候就更有把握，心理也更加镇静，预期也更会合理"。即使经过折腾以后还是失败了，我们也能有一个更好的心态，"失败让我们害怕，但勇敢地不断尝试可以改写失败的记录"。因为"我们大部分所谓的技能与经验，无非是多次尝试而后形成的熟练，在我们熟悉与老练的过程中，我们变得从容、有数、有分寸与更会选择"。

◎ "大众创业成功的总量在增加，但是创业失败的总量也在增加，在失败中还愿意继续坚持的，那就距离成功不远了。"

"今天倡导'大众创业，万众创新'是'浪漫'了一些。"经济是靠优胜劣汰保持竞争力的，"大众创业成功的总量在增加，但是创业失败的总量也在增加"，这是一个社会的现实，而那些"在失败中还愿意继续坚持的，那就距离成功不远了"。所以袁岳认为，对于创业者来说，"要有失败也要干的心理才是真正的创业心理，老想成功不想代价，就不能证明创业的决心"。

创业有不同的标准，不同时代的创业模式也不一样。在没有淘宝之前，摆地摊就是一种创业形式。袁岳说："我在大学就摆过摊，卖过馄饨。"现在的互联网创业从淘宝发展到微店,但袁岳认为,坚持始终是创业者的必需品质,"如果创业连淘宝都做不好那就没有出息了"。尽管现在的移动互联网比地摊更高级,但是"没有永久活着的创业企业",能够真正生存下来的还是少数。"创业很艰难,就像打仗一样,活着就是成功,战场上回来的人就是成功的。"

袁岳创业时也面临失败的风险和担忧,"我还记得开始创业的时候头发掉得挺多,有老中医给我说,你要少动脑子就好了,可是我做的就是知识服务,怎么可能少动脑子?所以那个时候摆在前面的就是两条路:少动脑子、少掉头发、少做生意;多动脑子、多掉头发、多点生意"。所以,面对失败的风险和恐惧感,创业者能做的就是掌握足够多的信息,两害相权取其轻。

袁岳多次在公开场合表示:创业的最大收获就是来源于市场,来源于创业者的经历,而"如果你还在创业路上犹豫,最好不要走创业这条路"。

创业家有话说

> **袁岳 谈年轻人创业**
>
> 今天绝大部分青年应该多磨炼,年轻人要活得无怨无悔。如果不尝试,最终一辈子生活在遗憾当中,只有折腾过后才能踏实。
>
> 外部世界其实是自我内心世界的投射,外部世界的事业也与我们的心胸是匹配的,只有脱离了"小我"的、较为广大的胸怀才能与外部世界顺畅沟通。有事业的人心中不是小我,心中有人,才能成长为一名成熟的青年领袖。

美团创始人兼 CEO 王兴：
创业就像坐过山车，今天是低谷，明天可能就上升

王兴

从校内、饭否、海内再到美团，王兴曾被业界称为"史上最倒霉连环创业者"。王兴自己也形容说，他总是先人一步地发现市场机会，总是在冲浪，但每一次都被后来的浪头超过。但他也表示，"纵情向前"仍然是他一贯的态度，他的耐心、隐忍和不张扬被形容为"静攻者"，不惧挫败，坚定向前。

◎ "摔倒也是一种前进的方式，只要你往前摔，别往后摔。"

王兴的创业历程充满励志色彩。刚刚回国时，三人组成的团队最早做的是一款"多多友"的社交网站，因为没有定位而失败。之后，团队又做了一个"游子图"的照片冲印网站，却因为没有市场而失败。2003 年，创办 SNS 网站校内网，2006 年该网站因为资金问题被收购，他借用英国前首相丘吉尔的演讲词来表明态度："This is not the end. It is not even the beginning of the end. But it is, perhaps, the end of the beginning.（这不是结束，也并非结束的序幕已然到来，而是序幕刚刚结束。）"之后，他又创立了"海内"、"饭否"等网站，但认为它们还"不够成功"，"因为它影响了一部分人，但是没有达到我们原来预期的这个目标，所以我们还在继续努力"。

"怎么样更好地了解自己，了解用户？'了解自己'指明白自己能做什么，不能做什么。"这是王兴多次创业收获的经验，他勉励创业者：只要往前摔不要往后摔，跌倒也是一种前进的方式。2010 年，王兴推出美团网，这一次他相信:"美团网是一件特别和谐的事业,可以带来实惠,刺激消费,扩大内需。"

创业过程中难免会遭遇失败,那么该如何更好地面对失败呢?王兴认为:"创新跟自然界的变异一样,多数失败,所以创业者要创新,社会必须鼓励失败,宽容失败,这个世界需要更多真正接纳或鼓励创新的土壤,而不是只鼓励成功。"作为创业者,"就算失败了,你觉得这个旅程是值得的,你的努力是值得的,那你就干吧"!

◎ **"创业对我来说是改变世界的方式,我希望活在一个更希望生活的世界里,但我等不及让别人去打造这个世界。"**

"实际上我创业的意愿并不那么强,不是为了创业而创业,仅仅是有一件事情希望它发生,如果别人还没做的话,那就由我来做好了。"王兴希望通过创业去改变世界。受父母影响,他一直是一个好奇心强烈的人。"对很多事情感兴趣,而且出于这些兴趣,我会自发地去不停地看,不停地想,不停地跟人讨论。这对我来说,并不是工作,并不是负担,而是乐在其中的。"对于创业也是如此,"因为在我看来,创业就是你发现问题,解决问题,这跟学习考试是不一样的;考试的话是别人把问题给你,你只要解答问题就行了,而创业不光是要解决问题,更重要的是发现值得解决的问题"。

王兴说:"我做一件事的标准是有益,有趣,有利。"之所以选择不停地创业、不断地摸索,是因为"创业的目的并不是光为个人财富,这个个人需求很容易满足,还需要做的这个事情对社会有价值,厚德载物。"

◎ **"创业就像过山车,今天是低谷,明天可能就上升。"**

经过十年的连续创业,王兴最终在美团网爆发,然而创立初期的美团网同样经历了严峻的考验和挫折。

 走出挫败

2010年6月,美团的竞争者拉手、糯米等网站纷纷拿到融资,美团遭遇第一个低谷期,人员流失很严重,10个销售里有4名去了糯米团,而且还带走之前谈好的单子。人人网旗下的糯米团利用人人网首页的广告位置,取得了良好的销售业绩,美团则不得不面临对手的压倒性优势。

这段时间里,美团要求销售每天拜访8个商家,连续三次做不到就要离职,做得好则可以获得股权激励。许多员工产生离职的想法,销售人员个个顶着巨大压力。"创业就像坐过山车,今天低谷,可能明天就上升了。"王兴一边多次在公司分享会上这样鼓励同事,一边挨个与想要离职的同事谈心,尽量表现得从容镇定。凭借着对商业的执著和公司的努力,美团网得以柳暗花明。

王兴认为,创业难免会遭遇波峰和波谷,但企业家应该从长远着眼:"对于未来,我认为,人应该注重长期的目标和短期的目标,而不是那么重视中期的目标。我应该围着兽皮裙,手持标枪,正在捕捉山羊野鹿,也可能正和虎豹豺狼大狗熊作生死之搏。如果我干不好,我就会被咬死,我的家人族人就会饿死。每想到这里,我就决定集中精力,回到中国互联网这个现实丛林中来。"

········ **王兴** 谈创业中的失败 ········

> 我觉得创业绝大部分人会失败,要作最坏的打算。不过,你创业不创业,不取决于这件事会不会失败,而是在于你对这个过程是否感兴趣,是否足够相信你的目标。就算失败了,你觉得这个旅程是值得的,你的努力是值得的,那你就干吧。"

万国集团董事长孙立哲：
不抱怨，要弄潮

孙立哲

孙立哲是被打上了强烈时代烙印的一个人，他的人生跌宕起伏，大起大落。"赤脚医生的传奇"说明了他的经历，"时代的弄潮儿"点出了他的精神。挚友史铁生曾评价孙立哲是在"用冲刺的速度跑长跑。不干成个事情，不算完"。"我不认为他能够承认失败。他从来都是一个赢家。他必须要赢。"这应该是对孙立哲人生态度最中肯的描述。

◎ "抱怨是无用的，关键是增强适应变化的能力，这种能力有利于我们的人生。"

孙立哲小时候的愿望是成为一个数学家，当时他家住在华罗庚的隔壁。华罗庚家有一台电视机，于是孙立哲认为成为数学家后就可以看电视了。随后，"文革"爆发，孙立哲的人生轨迹被扭转，他随广大知识青年一起下乡，成为技艺精湛的赤脚医生，并被作为典型而受到表彰。然而，命运急转而下，"文革"结束使孙立哲猝不及防地成为被批判对象，身心俱损，住院一年多，几近奄奄一息。

在朋友们的多方援救下，孙立哲终于走出低谷，考上首都医科大学的研究生，后来去美国留学攻读博士学位，志在往医学方面发展。谁知读书期间，他却患上严重的哮喘病，对动物皮毛过敏使得他的哮喘病日益恶化，最后再也无法走进实验室。不得已，他放弃了自己的医学梦想。

生活窘迫且艰难，孙立哲只好自谋生计，走上创业道路。他和一同赴

美的家人开过饺子加工店，夜以继日地包饺子。后来，他和妻子发现了图文处理技术的前景，创办起芝加哥万国图文公司，开发了世界级水平的多文种PostScript字库，公司迅速膨胀壮大。然而此时妻子被查出患了癌症，孙立哲带着她回国治疗，同时希望能把先进的印刷技术和电脑图文技术带到中国。没过两年，妻子去世了，孙立哲自己也被查出患了癌症。种种打击之下，他选择返回美国治病。

屡次经历大起大落，孙立哲对于困境有了超强的承受力。他谈到，每个人都希望事情朝着自己的想象去发展，但生活常常会出现意外，因此要学会接受生活，适应各种变化。他用自己"文革"后被批判的经历来举例："试想，在我陷入人生最低谷的时候，我天天抱怨老天的不公，天天痛哭流涕，那么我现在很可能还在农村。抱怨是无用的，关键是增强适应变化的能力，这种能力有利于我们的人生。"

◎ **"当你面对一股巨大的潮流时，重要的是行动。无论它是什么——下乡、上大学、出国、回国——都不重要。我必须得弄潮。"**

奇迹般地康复以后，孙立哲再次回国创业。在与一个出版社社长的交流中，孙立哲发现当时国外图书的版权引进还大多通过出版中间商，例如台湾、新加坡和香港的出版人，他意识到自己可以扮演中外出版业的中间人。同时，他也敏锐地捕捉到了伴随着中国社会形态的变化，国人的阅读需求必然要变，他要追赶上这个潮流，"当你面对一股巨大的潮流时，重要的是行动。无论它是什么——下乡、上大学、出国、回国——都不重要。我必须得弄潮"。

孙立哲引入一系列现代人生活和工作需要的图书，被称为中国图书进出口贸易的"把门人"。他与电子工业出版社、机械工业出版社合作，引进计算机图书版权。后来，万国集团公司与机械工业出版社合资成立了华章公司，主要引进经管类图书；并与辽宁出版社合作，负责"吉尼斯"系列图书的代理；又与轻工业出版社成立了万千公司，专门引进心理方面的图书。毫不夸张地说，20世纪90年代中国的国外引进图书，大部分都与孙立哲有关。

在出版业内成果累累，这也成为孙立哲的主业。但事实上，他当年回国开了30多家公司，"有医疗器械的，有进出口的，有教育型公司，有学校、印刷厂，但大部分都倒了"。他在一次海归创业论坛上谈到自己的感悟："很多海归创办了一些成功的企业，拥有很多资产，这很容易给人一种印象，好像海归创业很容易成功。但我觉得，对于广大的海归来说，创业成功应该是非常态的。其实，创业处于困境中，或者正处在努力追求成功的道路上，这才是海归创业者的常态。"

虽然经历了重重挫败，孙立哲认为支撑他创业成功的是他不断学习的精神，自己是"上瘾式"地学习。"我这些年不管是做企业还是做投资，都是有效地利用了当年在海外的学习方式。这种欲罢不能的学习方式，我觉得效果很好。"孙立哲在创业过程中，还在美国大学拿了多个硕士学位，涉及商务、法律、金融、制药，在52岁时毅然重返校园，是他上瘾式学习的最佳佐证。

创业家有话说

孙立哲 感悟快乐

我们可以回首一下自己所走过的路：我们什么时候最快乐？这时就会发现往往是我们干一件事的过程才使我们最快乐。人们在走向目标的过程中，为了达到目标所克服的困难、障碍，付出各种努力，其中的酸甜苦辣给人带来的快乐更大。

北京慈铭健康体检连锁机构总裁韩小红：
利他就是利己，要敢于迎接挑战

韩小红

如今出现在公众视线内的韩小红总是优雅而精致，着装得体、妆容精致、笑语连连，然而回顾她的创业路却是艰难险阻无数：店面失火、亲人离去、自己又罹患胃癌……这一系列的挫败反而让她认为自己的创业选择非常有意义，也坚定了她的创业之心，要把这条路一直走下去。

◎"我就是我，我的优势是我的直觉，果敢有决断力的行事风格，我很独立而且善良。我的价值观是利他就是利己，人要善于接受挑战。"

大学毕业后，韩小红被分配到 301 医院肿瘤科，在一个以癌症为攻克对象的科室工作。"十年前的癌症 99.9% 都是晚期。所以，我们其实不是一个治疗病房，我们是一个临终关怀病房。"韩小红那时感觉十分困惑。很多医生经常隐瞒患者的病情，这让她感觉很无力，"这也逼迫我不断地求学。我就去德国留学，寻找新的思路和方法"。

在德国求学时，韩小红发现德国人对待健康的态度与国内有很大不同，德国人防病重于治病，健康体检在德国是一个普及的事情，在中国却是空白。"作为一个留学生，在国外待得越久，我就越感到祖国需要改善的东西越多，越感到自己的责任大。当时最强烈的一个想法，就是赶快回国，用自己所学改变这种状态。"

"我就是我，我的优势是我的直觉，果敢有决断力的行事风格，我很独立而且善良。"回国后，她放弃了 301 医院稳定的医生工作，投入创业之中。脱离医院的健康体检，当时在中国还是一片空白，韩小红说："说实在的，当时也没有想得太多，如果想多了也不敢走出来。不成功，大不了我们去打工。一张白纸，好写最新最美的文字，好画最新最美的图画。"

◎ **"我终身受用不尽的财富就是自己良好的心态，无论碰到多大的困难，我都不会放在心上。"**

"我每开一家店都有巨大的灾难发生，这把我巨大的潜能激发出来了。"

2003年，韩小红的第二家门店开业之后，"非典"席卷北京城，门店被迫停业。没有人来体检，房租和员工工资一个月就需要三十多万，这成了她必须面对的问题。"非典虽然来势凶猛，但我相信很快会结束的……如果我们利用这个机会，把潘家园一直亏损的医疗门诊部盘活，不是一个好主意吗？"乐观的韩小红抓住机遇，带领员工按照国家公布的配方开始研制抗非典药物，将非典期间店面费用和员工工资都挣出来了。

2004年3月29日，刚刚出门的韩小红就接到积水潭分店副总的电话，说店里出事了。原来分店着火了，她到达时火势刚刚被扑灭，门口围着一大群人。想到仓库里40多万的医疗用品付之一炬，韩小红眼睛湿润了。"我韩小红怎么能被一场大火打垮呢？"从废墟中走出来后，她对副总说："半个月后，照常营业。"说完转身就走。

"出现那些灾难的时候我不可能退下去，我觉得我身上的责任太大。当我出现身体问题的时候，我当时觉得我没有权利离开，我有太多的事情没有完成。"韩小红在开第五家店的时候被查出得了癌症，但她说自己"没有倒下的权利"：父亲在自己开第四家店的时候被确诊为癌症晚期，16岁的女儿还有两年就要上大学。在医生"20%的概率活五年"的诊断下，她为自己定了三年目标，从容地送走父亲，看着女儿上大学。强烈的信念让她活了下来，她表示："到五年的时候，我突然觉得我的未来无限广阔，我活了，我要面对未来四十年、五十年的生命。"

韩小红这样看待挫折："我的心就像海一样，什么都能忍。一切挫折都不

过是成长中的阅历而已。我终身受用不尽的财富就是自己良好的心态,无论碰到多大的困难,我都不会放在心上。"

◎ "不管怎么说,不管政策上多么不支持,不管压力有多大,我觉得我所做的事情意义重大!"

"我拥有自己的使命,我应该做的就是整合一切资源带动所有力量,引领健康产业的发展和未来,从而使得我们国民的身体素质和健康状况不断提升,这是我终生要实现的使命。"韩小红这样定位自己的工作。

在患病期间,韩小红对自己的行业更为认同:"不管怎么说,不管政策上多么不支持,不管压力有多大,我觉得我所做的事情意义重大!"而等她重新回到岗位上时,便"开始下定决心要做一个有价值、有意义的体检","我说我其实不是为这家公司做事情,我是在为这个民族、为这个国家做事情。我觉得我们的生命是最有价值的,没有健康什么都没有"。

"我现在觉得自己从一个'管家'变成真正的总裁了!"在创办体检机构五个年头之后,韩小红这样向媒体描述自己的成长和进步。她说:"慈铭体检走到今天,很多人为这个企业做出了自己的贡献,我也得到过很多人的帮助。我现在拼命干,既是为了回报社会,也是为了回报跟随我的人。这是我的一个梦想。"

韩小红 谈压力

也许直到我呼吸停止的时候,才是我真正不做的时候。有些人会觉得生活中的压力很大,我不觉得有特别大的压力,没有过不去的事情,从压力之中给我带来的就是具体转换为成就感和自豪感。

大姨吗创始人柴可：
不怕挫败的才是创业者

柴可

柴可以前是"热水男"，女友的一切不舒服都靠自己用"倒杯热水"来解决。如今，柴可已经成为妇女之友"大姨夫"，女性生理知识的打黑英雄。从"热水男"到"大姨夫"，中间隔了无数的努力，也隔了无数的尴尬。柴可曾在公交车上苦读妇科读物被认作变态，在图书馆勤作生理笔记招致白眼，在咖啡馆用手试验女性内裤引来侧目……柴可的创业之旅，既是这一条不走寻常路的过程，又是不屈不挠不放弃的过程。

◎ "所谓的刚需就是人必须要吃饭，不吃就饿死了这种，所以这一点是很理性的稻草，什么东西放在互联网上合适，这是第一个。"

柴可的创业与家庭有关，父亲是做医药的，又有多年的创业经历。因此柴可的创业领域也都选择在健康方面，涉及糖尿病、减肥、健康问答、按摩、中医体质调养、身体数据记录等方面，然而大大小小的六次创业经历，都以失败告终。

柴可的第一次创业是"友乐活网"项目，由于定位模糊，创业毫无起色，甚至有一个月公司账上只剩下 3 万元，而工资支出差不多需要 15 万。那是一段黯然的回忆，"那段时间是我人生的一个低谷，网站没进展，团队无所作为，投资人不喜欢，钱却花得差不多了"。为了增加收入，柴可团队还接了好多活，帮别人建网站，做 APP。

创业项目中，柴可最满意的是"按哪儿"。"按哪儿"类似于一个按摩老中医，在用户哪儿不舒服的时候告诉他可以"按哪儿"。"按哪儿"有28万注册用户，但最不景气时每天只有个位数的活跃用户。"个位数的活跃用户是什么概念？十万分之一啊！当时感到非常地挫败。"猛烈的暴风雨还在后面，2011年，柴可带着"按哪儿"参加了一个创业比赛，结果遭致评委的犀利批判，因为产品没有涉及用户的刚需。

这次经历让柴可醍醐灌顶，"以前我认为按摩也是刚需，这才知道刚需的本质必须是不可替代的东西"。他开始寻找真正的刚需，女朋友在经期后头疼的经历给了他启发，柴可意识到，减轻女孩经期痛苦，这一定是个刚需。"所谓的刚需就是人必须要吃饭，不吃就饿死了这种，所以这一点是很理性的稻草，什么东西放在互联网上合适，这是第一个。第二个，是我女朋友来完月经开始头痛，所以我就想做做月经这个事情试试。"

◎"员工离职使我意识到企业经营不能只满足于做产品，必须依靠团队合力才能做好一件事情。"

2012年1月，柴可团队创建了大姨吗，反响非常好，用户数量在上升，排名在靠前，名气在扩大。柴可深受鼓舞，就在此时，团队却分崩离析，总共才十个人的创业团队，六个人选择了离开。"三个月以内走了60%的人，算上去挺恐怖的，虽然才10个人。但那个打击其实非常致命，因为其中那6个人里面有3个人是从一开始就跟着我一块的。"柴可认为这是他创业遇到的最大困难，"这可能是最痛苦的阶段，其时你眼睁睁地看着当年信誓旦旦说，要和你一块创业到最后的哥们说走就走了"。

柴可实在想不明白，当初相濡以沫的团队，为什么会在前程渐好的时候选择各奔东西，他不断反思。"那个时候是一次我觉得特别深的扪心自问，就是到底自己做错了什么，我也诚恳地相待了，但大家不愿意和我一块再继续创下去了。结果我发现，其中最大的一个原因，就是你没有真正地变成别人去思考。"柴可意识到,还是因为自己没有及时明确初始团队的占股比例,始终得不到股份保障,使得团队成员不得不离开。

这次经历也让柴可意识到团队的重要性,"员工离职使我意识到企业经营不能只满足于做产品,必须依靠团队合力才能做好一件事情"。他开始思考如何更好地留住员工,"员工之所以离职,无非是管理或品牌认可出现问题。企业运营涉及资金流水、人员流动等各个环节,不仅要营造良好的工作环境和文化氛围,还应积极提升员工收入水平"。

柴可重新组建了团队,改善了员工待遇,在融资时,拿出很大一部分比例作为员工持股。在获得徐小平的天使投资时,柴可就拿出自己的15%股权作为员工期权池。另一方面,在企业文化建设和团队凝聚力上也花费了心思,给团队新来的成员安排了"军训",同吃同住、同玩同工作,共同朝着目标迈进。

柴可 谈 CEO

外界热议CEO必须是产品经理,我并不认可这种说法,CEO 70%到80%的时间必须做CEO分内之事,从给予员工信任、招聘,到建立整个公司流程、融资等。

创业知识汇

选择创业，可能你选择了一条九死一生的路

◆ 阎焱（软银亚洲信息基础投资基金CEO）

从过去20年的投资来看，创业成功率无论在中国还是美国，大概不超过1%。今天我们看到的创业公司大概95%以上在几年以后会死掉。

◆ 毛大庆（优客工场创始人）

国际上认为创业的成功率是10%左右，我看在美国要小于10%，在中国也就是5%左右。

◆ 邹亨瑞（亨瑞集团创始人）

创业成功率一向不会超过5%，如今互联网创业这么热，可能成功的还不到1%。

创业遭到挫败，可能与这些因素有关

◆ 不评估自身，不了解市场

的确存在天生的创业者，但也不乏被创业大潮和财富传奇所诱惑的"被创业者"。他们不了解自身的性格、特长、脾气和心性，只凭一时冲动和人云亦云便投身创业。在创业中缺乏对市场的了解，或者盲目跟风，哪里热闹去哪儿，哪行赚钱干哪行，或者只凭借自身兴趣和一腔热血来做决定。在这样的情况下，创业失败的几率极大。

创业者要全面审视自己，做好自我评估，诚实地面对自己：为什么创业？自己的优势在哪里，是否具备创业者需要的能力和素质？自己的资源和核心竞争力在哪里，自己是否愿意承担创业风险？创业失败最坏的结果是什么，自己能否承担得住……同时，综合了解产业、市场环境，在决策前做好细致的调查和评估工作，不要盲目按照自己的兴趣、想法及过往的经验来判断。

◆ 资金耗尽，现金流断裂

资金对于企业发展的重要性不言而喻。创业公司需要足够的资金来开业，后期运营更是需要资金来维持，现金流的断裂会给企业带来极大的风险。如今成功的创业者在提及创业初期账户上没钱时，仍然心有余悸。对于初创公司，所遭遇的最大风险就是资金耗尽，手上没有了现金流。很多投资人都提到创业资金的重要性，美国一位投资人曾说，创业公司一定要在银行账户里留够运营18个月的资金。但是有的创业者仍然没有警惕，认为可以等没钱的时候再去融资，这无疑给企业埋下一个隐形炸弹。

所以，初创企业一定要重视现金流的问题，一定要时刻关注公司的资金状况。

◆ 团队搭建不善，合伙人没有磨合好

在竞争激烈、变化快速的互联网时代，团队的重要性毋需多言。创始人一人独大、自己打下江山的日子已经一去不复返了，如今是一个好汉三个帮，有事同干，有福同享，有难同当。优秀的创业团队能使企业爆发出巨大的力量，使企业迅速地壮大发展，但成也萧何败也萧何，当团队出现冲突、分歧甚至闹得不欢而散时，可能给企业带来灭顶之灾。

于是，创业者在搭建团队时要花心血和精力，在选择合伙人和团队成员时要多方面地考量和比较，包括价值观、能力、态度等方面，选择三观相同、

理念统一、能力互补的创业伙伴。同时做好团队的磨合工作,积累管理经验。

◆ 贪大求全,力求面面俱到

创业初期,创业团队的资金、资源、经验和技能都极为有限,如果这时候创业还想摊大饼,什么都想做,力图面面俱到,或者创始人随时改变主意,修改计划,都会耗尽创业能量,最终导致创业失败。

对于初创企业来说,最关键的还是在综合评估自身和市场之后,找到自身的核心竞争力,然后全力以赴地迈进,不要眼高手低,而是内心坚定、脚踏实地,专注地朝着战略方向前行。

◆ 创业,要做好打持久战的准备,要有不断学习的心态

创业不是一蹴而就的,是一条漫长甚至终身的路,如果仅抱着短期内积累巨额财富的目的来创业,这就不是创业,是投机了。因此,在创业路上,创业者要做好打持久战的准备,坚持坚持再坚持,既不要有浮躁的心态,一味求快,揠苗助长,忽视企业自身的发展成长规律,又不能在经历失败后一蹶不振,而是积极吸取经验教训,促进自己成长。此外,创业者也要保持学习和开放的心态,不断关注变化的环境,根据市场和行业的变化而变化。

对创业失败,他们这么说

◆ 毛大庆(优客工场创始人)

很多想要创业的人都谈到对失败的恐惧,这与将创业时髦化和妖魔化有关。中国应该学习美国社会的创业心态,在美国,创业是家常便饭,人人都可以创业,但是今天中国的舆论宣传却过度地把创业时髦化、热门化甚至妖魔化,这都是对创业的极大损害。创业心态应该平和一点,创业不过是一件正常不过的事情,社会对创业者也包容一点,允许创业者犯点错误;创业者自身也不要把自己时髦化和英雄化了,创业就创业了,没有什么大不了的,踏踏实

实地创业，失败了爬起来再创就行了。全世界创业只有5%的成功率，谁都可能是那剩下的95%。如果把创业作为一种生活方式和人生追求，就不存在失败一说。我在美国认识一个人，他创业了17次，成功了5次，失败了12次，这个人现在62岁了，还在进行第18次创业。没有人觉得他很神奇，也没有媒体来关注他，就是他自己觉得好玩，觉得创业是他人生的一种过法。我想中国要是有这样的创业心态，就会真正地促进创新创业的繁荣。

◆ 黄晓庆（深圳前海达闼科技有限公司 CEO）

创业想成功首先是摆正心态，年轻的创业者要能接受失败，不要一创业就想着成功，这是不行的。

◆ 尹学军（隔而固〔青岛〕振动控制有限公司总经理）

青年创业者要不怕失败，允许失败，我们老一代人都有失败，年轻人更应该允许失败；但是要把握好风险控制，风险要在自己掌控的范围之内，在自己的财力和心理承受范围之内，年轻人要逐渐把事情做大，而不是一步图大。

◆ 李文（北京智蹼共创管理顾问有限公司创始人兼董事长）

对年轻创业者，我的忠告就是趁着年轻不停地去试错，不要以成败论英雄，不要停止去试，做不成没关系，再做别的，要不停地去试，这是年轻的好处，不停地尝试，在尝试中总结思考。很少有创业者一开始就成功的，要不停地去试，不停地去学，不停去地拜师，不停地去上课，不停地去亲自去做，这才是最关键的。

◆ 徐小平（真格基金创始人、新东方联合创始人）

创业者最坏的结局，是回到他原点的最高处，成为职场上炙手可热的人。有什么不好呢？拿着我的钱试了一把，证明了自己，长板短板，然后再重新出发，这是这个时代最伟大的一次社会实验，这个实验每天都在诞生着。传统意

义上的成功者就是拿到更多的钱，碰到更多的人，有了利润，但每天每日也在解放着无数的传统意义上的失败者，传统意义上的失败就是那种碌碌无为、不敢冒险，然后一辈子在幻想中虚度青春的那种人。人的一生应该怎么度过？不应该在白日梦中，看着别人的成功，临渊羡鱼，人的成功应该是一步一步走向自己梦想的彼岸，中间你也许会呛水，但这没什么。

在投资界有一个词，叫"连续创业者"。一般来说，连续创业者以前是不太成功的，也可以说是持续失败的，这是投资界最喜欢的人。在这个时代，我们需要换个角度看世界，我们更应该换个角度看待青年人，看待创业青年。

对创业心态，他们这么说

◆ 王伟东（深圳达仁投资管理股份有限公司董事长）

创业要想成功，首先要客观地评价自己。每个人都可以挑战自己，去提高自己的能力，去挖掘自己的潜能，实际上每个人都应该选择一种更靠谱的生活方式，也未必每个人都去创业。你可以去试，就算失败了，也可以换一种生活方式，踏踏实实去做一份力所能及的工作，这也挺好。

◆ 吴云前（百年城集团有限公司董事长）

以前我们做事情是拍脑门，今天的年轻人还是需要自我评估一下，这样才能最大限度地减少创业风险。在创业时先考虑清楚，这样对未来才好，少走弯路，对同行多去调研，多去学习。现在太多的人一拍脑门就作决定，这样的话风险是很大的。多作事前评估，人有个认知错觉，老觉得自己做的事一定能行，事实上别人不一定这么看。

◆ 郭盛（智联招聘CEO、智联卓聘创始人）

我觉得千万不要人云亦云。比如现在最热的是O2O，很多人就去做O2O。在当前大众创业万众创新的热潮中，须特别当心，不要跟着潮流走，要走在潮流的前面，或者追随自己的内心。创业者一定要避免从众。

◆ 　陆侨治（浙江海牛环境科技有限公司董事长）

我觉得要沉下心来，踏踏实实做事，安安静静做事，不要浮躁。再者不要看到别人做什么自己就做什么，大家都做同样的事情就很难成功。当然有的行业机会比较多，但整体上还是要有你的细分行业和商业模式，所以一定要有自己的东西和核心竞争力。

◆ 　丁列明（浙江贝达药业有限公司董事长）

创业者要脚踏实地，创业不能好高骛远，不能看到别人成功就有一夜暴富的想法，要有踏实的心态，把事情做好，耐得住寂寞，在困难面前要坚持。

◆ 　李海峰（上海鼎翊企业管理有限公司董事长兼CEO）

我最常说的一句话就是既然选择了创业就要坚持下去，因为现在太浮躁了，市场上不缺机会，资本市场不缺钱，很多人创业就是为了圈钱，甚至有的人想的是创业先把钱骗来再说，这是不对的。创业应是对人生、对社会的一种负责任的选择。从个人层面看，创业要十年、二十年甚至一辈子与一件事纠缠在一起，所以是个很慎重的选择，而且创业是在做产品，这个产品对社会有意义还是无意义，是有贡献还是无贡献，是不是你自己虽然赚到了钱，但对社会有污染？要创业的话必须静下来、沉下来，去选择做有意义的事情，坚持到底。为什么很多创业企业都夭折了？因为它的定位不准确，把成功想得太简单了。如果只想赚钱，那有很多方式可以选择，未必选择创业，当然要赚大钱还是要创业，但赚钱的目的是什么呢？创业到了后期，钱的意义是很小的，最重要的是解决了什么社会问题。

◆ 　汪潮涌（信中利资本集团董事长）

创业者既要有乐观进取的创业心态，同时也要有迎接挑战和失败的心理

创业知识汇

准备。

◆ **严望佳**（北京启明星辰信息技术股份有限公司 CEO）

创业不是短期的事，是人的一生都要做的事情，与其急功近利地进行短暂定位，不如为了长远发展每天都在积累地进行定位。每天都在积累，可能十年下来，你积累很多，奠定了你成功的基础，但是如果你是短期的急功近利的，十年下来，你不但没有成功，而且你可能一点积累都没有。

◆ **阎焱**（软银亚洲信息基础投资基金 CEO）

你创业的时候，可以只是为了赚钱或切身利益；但是你如果想做一家很大的企业，就要超越自身。软银很早就投资马云，今天阿里巴巴多么辉煌伟大，但近距离观察，你会看到他们前面十年都在坚持。一开始就有宏大的理想，马云相信这个理想，这一点希望大家去体验和琢磨一下。创业者要有梦想，仅仅为了赚点钱是不够的，要有一种宗教般的东西、一种牧师的情怀。

参考文献

1.《莫天全谈创业：从无到有从小到大从有到无》，搜狐网，2009年4月1日，http://it.sohu.com/20090401/n263147234.shtml。

2.《莫天全：天生的创业者》，创业邦，2009年10月10日，http://www.cyzone.cn/a/20091010/120310.html。

3. 佩德罗·雷诺：《莫天全：创业，发展与守业》，和讯网，http://data.book.hexun.com/chapter-5070-3-15.shtml。

4.《莫天全：企业发展过程中需要不断"创业"》，新浪网，2015年7月20日，http://news.sina.com.cn/o/2015-07-20/164632127380.shtml。

5. 王冠雄：《考古互联网思维李彦宏的预言和野心》，新京报电子版，2014年4月9日，http://epaper.bjnews.com.cn/html/2014-04-09/content_504876.htm?div=-1。

6. 王冠雄：《溯源"互联网思维"，首提者是李彦宏，然后大佬们都有了标签》，钛媒体，2014年4月5日，http://www.tmtpost.com/103204.html。

7.《青年李彦宏：独立思考成就人生路》，创业邦，2011年5月10日，http://www.cyzone.cn/a/20110510/195540.html。

8.《李彦宏寄语高考状元：独立思考和理想塑造》，新浪科技，2014年8月7日，http://tech.sina.com.cn/i/2014-08-07/02399539743.shtml。

9.《李彦宏：总结十一年创业三大心得》，互联网的一些事，2011年6月14日，http://www.yixieshi.com/it/7690.html。

10.《中国需要更多李彦宏式的制度企业家》，网易财经，2014年4月17日，http://money.163.com/14/0417/09/9Q1AU4IV00253G87.html。

11.《李彦宏回顾11年创业路：百度面对谷歌一度自卑》，驱动之家，2011年6月13日，http://news.mydrivers.com/1/196/196250_1.htm。

12.《丁磊：曾经对微信的推出很纳闷》，创业邦，2014年1月23日，http://www.cyzone.cn/a/20140123/253727.html。

13.《网易创始人丁磊：没觉得马云有多么了不起》，前瞻网，2014年11月6日，http://www.qianzhan.com/investment/detail/317/141106-8433753c_3.html。

14.《网易创始人丁磊接受南方日报专访谈奋斗：创业莫把欲望当理想》，南方日报，2014年5月24日，http://epaper.southcn.com/nfdaily/html/2012-05/04/content_7080767.htm。

15. 张欢：《丁磊不惑》，南方人物周刊，2009年6月22日，http://www.infzm.com/content/30118/0。

16.《人物》11月号封面人物：丁磊宿命论，腾讯视频，2014年1月14日，http://v.qq.com/boke/page/n/0/8/n0120tillq8.html。

17.《雷军北大演讲：看五年想三年认认真真做好一两年》，站长之家，2014年11月24日，http://www.chinaz.com/news/2014/1124/374962.shtml。

18. 刘惜墨：《雷军再谈"飞猪理论"：风口上的猪都是"功夫猪"》，互联网分析沙龙，2015年6月8日，http://www.techxue.com/techxue-15547-1.html。

19.《雷军：创业真不是人干的事都是阿猫阿狗干的》，新浪科技，2015年6月3日，http://tech.sina.com.cn/i/2015-06-03/doc-icrvvqrf3979818.shtml。

20.《雷军：顺势而为，看起来不够有情怀，但这是成功的真谛》，虎嗅网，2013年7月10日，http://www.huxiu.com/article/17065/1.html。

21.《李开复谈创业：追随自己的心做自己擅长的》，优米网，2012年5月6日，http://chuangye.umiwi.com/2012/0506/69329.shtml。

22.《李开复：给热血创业青年的八桶冷水》，网易，2015年4月15日，http://tech.163.com/15/0415/15/AN8L5H40000915BF.html。

23.《李开复建议：想创业的青年先去小公司磨练》，凤凰网，2015年5月6日，http://tech.ifeng.com/a/20150506/41076059_0.shtml。

24.《麦可思公司创始人王伯庆荣获 2014 中国教育推动者奖》，搜狐教育，2014 年 12 月 11 日，http://learning.sohu.com/20141211/n406861729.shtml。

25.《王伯庆：我的麦可思故事》，中国教育新闻网，2015 年 5 月 4 日，http://www.jyb.cn/job/cyal/201505/t20150504_621015.html。

26.《王伯庆：我创业是"大学生就业"》，搜狐教育，http://learning.sohu.com/s2014/wangboqing/。

27. 杨眉：《对话海归王伯庆：今天我们如何创业》，新华网，2010 年 11 月 22 日，http://news.xinhuanet.com/politics/2010-11/22/c_12800915_2.htm。

28.《俞敏洪：如何创业才能成功》，共识网，2014 年 9 月 18 日，http://www.21ccom.net/articles/economics/shangyan/20140918113370.html。

29.《俞敏洪：成功人士往往不是聪明到极点的人》，凤凰网，2014 年 7 月 22 日，http://edu.ifeng.com/zhichang/detail_2014_07/22/37457620_0.shtml。

30. 葛思汝：《俞敏洪、徐小平同台"互黑"分享创业"干货"》，新东方，2014 年 6 月 10 日，http://www.neworiental.org/news/news/201406/8087974.html。

31.《对话瑞尔总裁邹其芳：从留学生到企业创始人》，新浪教育，2014 年 11 月 5 日，http://edu.sina.com.cn/a/2014-11-05/1103251586.shtml。

32. 翟文婷：《邹其芳：瑞尔齿科的 10 年创业路》，创业邦，http://www.cyzone.cn/Magazine/Articles/1830。

33.《邹其芳：创业是必然创建瑞尔齿科是偶然》，和讯网，2010 年 6 月 22 日，http://news.hexun.com/2010-06-22/124027019.html。

34. 许智博：《颠覆者张黎刚》，南都周刊，2014 年 5 月 28 日，http://www.nbweekly.com/news/business/201405/36660.aspx。

35. 曲琳：《张黎刚的"否定之否定"》，创业邦，http://magazine.cyzone.cn/articles/201306/2969.html。

36. 叶静：《张黎刚：从体检到大数据找到商业模式》，亿邦网，2014 年 4 月 10 日，http://www.ebrun.com/20140410/96086.shtml。

37.《我爱卡网站简介》，赛迪网，2013 年 11 月 8 日，http://www.ccidnet.

com/2013/1108/5243477.shtml。

38. 志阳：《涂志云：创业带来有意思的生活》，u88，2014年12月14日，http://www.u88.com/article/20141214-352819.html。

39.《涂志云：创业要设立一定的门槛》，和讯网，2012年6月5日，http://news.hexun.com/2012-06-05/142130552.html?from=rss。

40.《海归涂志云：为赤子之梦而"战斗"》，北京海外侨人网，2015年4月24日，http://www.8610hr.cn/docs/jgsz/2015-04-24/1429857721695.html。

41.《我爱卡涂志云：中国式创新欲弥合与美国30年金融业差距》，中国经营网，2015年2月4日，http://www.cb.com.cn/index.php?m=content&c=index&a=show&catid=34&id=1111858&all。

42.《涂志云创业是一种生活方式》，论文网，2012年4月8日，http://www.xzbu.com/3/view-1359886.htm。

43.《我爱卡网站CEO涂志云：我爱卡网的大梦想》，我爱卡新闻频道，2013年5月7日，http://news.51credit.com/dongtai/118423.shtml。

44.《贾跃亭：99%的人认为乐视吹牛》，网易科技，2015年7月29日，http://tech.163.com/15/0729/10/AVMESJB9000915BF.html。

45.《贾跃亭：互联网思维打造乐视生态帝国》，大公数码，2014年1月27日，http://hea.takungpao.com/news/2014-01/2245768.html。

45. 马李灵珊：《贾跃亭：只有极少数人能看到真正的颠覆》，电脑之家，2013年12月27日，http://article.pchome.net/content-1686458.html。

47. 高谈：《乐视网的跨界成长史：传统商业模式的颠覆者》，酷站代码，2013年12月6日，http://www.5icool.org/a/201312/a3326.html。

48.《颠覆风口的造风者贾跃亭》，一财网，2014年12月2日，http://www.yicai.com/news/2014/12/4056707.html。

49.. 夏宏：《王小川：极客颠覆极客》，新财富，2013年1月23日，http://www.xcf.cn/syms/cfgs/201301/t20130123_401444.htm。

50.《搜狗输入法：独闯出来的商业模式》，深圳人才网，2012年7月13日，

http://www.0755rc.com/HTML/2012/07/13/20120713094711271.html。

51. 李晶：《王小川突围：从被打入冷宫到3级火箭无线5个半布局》，经济观察网，2012年12月8日，http://www.eeo.com.cn/2012/1208/237216.shtml。

52. 李好宇：《独家专访周鸿祎：上市主要希望提升品牌》，网易科技报道，2011年3月31日，http://tech.163.com/11/0331/11/70FIUU30000915BF.html。

53. 向阳：《周鸿祎开启硬件全面免费时代》，人民网，2015年7月29日，http://scitech.people.com.cn/n/2015/0729/c1057-27375826.html。

54.《周鸿祎：商业模式不是赚钱模式》，站长之家，2012年12月24日，http://www.chinaz.com/visit/2012/1224/286720.shtml。

55. 秦丽：《周鸿祎讲互联网转型：客户与用户有何区别》，网易财经，2014年8月9日，http://money.163.com/14/0809/10/A36SM8FE00253G87.html。

56. Yanky：《周鸿祎的互联网方法论：免费要赚钱，就是羊毛出在猪身上》，创业邦，2014年8月24日，http://www.cyzone.cn/a/20140824/261982.html。

57.《合伙人：创业失败共性——创始人里只有老大却没有老二老三》，A5站长网，2014年8月29日，http://www.admin5.com/article/20140829/559518.shtml。

58.《徐小平：现在是创业者最好的时代》，新浪科技，2015年4月20日，http://tech.sina.com.cn/i/2015-04-20/doc-iccczmvun9912646.shtml。

59. 左林右狸：《我知道的陈欧和徐小平》，搜狐科技，2014年9月12日，http://it.sohu.com/20140912/n404274176.shtml。

60. 总裁在线：《"最天使"徐小平》，凤凰财经，2014年11月5日，http://finance.ifeng.com/a/20141105/13250751_1.shtml。

61.《新东方俞敏洪：因为青春，我和徐小平王强依然共事》，观察者，2015年2月13日，http://www.guancha.cn/Science/2015_02_13_309423.shtml。

62.《徐小平：要投能让我激动的人》，新京报网，2015年6月4日，http://www.bjnews.com.cn/feature/2015/06/04/365892.html

63. 刘德炳：《优客工场创始人毛大庆：让创业变得更简单》，中国新闻网，2015年6月15日，http://www.chinanews.com/cj/2015/06-15/7345260.shtml。

64.《毛大庆和他的优客工场》,新华网,2015年5月27日,http://news.xinhuanet.com/house/cq/2015-05-27/c_1115419559.htm。

65.《毛大庆:为创业而创业才是真正的创业》,网易新闻,2015年7月12日,http://news.163.com/15/0712/09/AUAHTF6U00014AED.html。

66.《毛大庆:找合伙人切忌找熟人》,搜狐媒体平台,2015年7月31日,http://mt.sohu.com/20150731/n417961226.shtml。

67.《毛大庆:创业者该如何挑选合伙人》,网易河南,2015年7月20日,http://henan.163.com/15/0720/08/AUV382KT02270923.html。

68.《解密毛大庆"定制"优客工场的眼光》,腾讯房产,2015年5月26日,http://hn.house.qq.com/a/20150526/011680.htm。

69.李婕:《优客工场:为创业者做"五星级保姆"》,新华网,2015年5月21日,http://news.xinhuanet.com/house/tz/2015-05-21/c_1115357589.htm。

70.《互联网圈少见的好脾气老板古永锵:如何让一群习惯当老二的人成为冠军》,投资界,2015年2月27日,http://news.pedaily.cn/201502/20150227378945_all.shtml#p1。

71.《古永锵和团队:想和他们一起经历创业》,TechWeb,2010年12月20日,http://people.techweb.com.cn/2010-12-20/727148.shtml。

72.Marina:《蔡文胜:移动互联网创业别再单干别再做工具了》,创业邦,2013年7月13日,http://www.cyzone.cn/a/20130713/243544.html?show_all=1#1。

73.《蔡文胜:合伙人制度更有前途,再过三年富豪榜前20基本是互联网企业家》,投资界,2015年2月9日,http://pe.pedaily.cn/201502/20150209378321.shtml。

74.《人人猎头王雨豪:人才是商业模式的全部》,爱财经,2015年2月13日,http://www.icaijing.com/entrepreneurship/article3251600/。

75.《互联网巨头千亿市值背后:最牛逼的合伙人团队》,福布斯中文网,2014年5月26日,http://3g.forbeschina.com/review/201405/0033300.shtml。

76.wenyang:《【合作活动】飞马旅321第三届中国创业节群马会:戴仁光、王雨豪、徐伟引发新思考》，创投梦工厂，2015年3月25日，http://www.koouoo.com/?p=5791。

77.《雇佣制节哀，合伙人制崛起》，福布斯中文网，2015年3月2日，http://www.forbeschina.com/review/201503/0041043.shtml。

78. 林其玲：《沈南鹏：不能仅为赚钱而创业》，腾讯科技，2015年7月2日，http://tech.qq.com/a/20150702/013958.htm。

79. 何莎莎：《创业者更需要"反木桶"思维》，中国经营网，2015年1月1日，http://www.cb.com.cn/person/2015_0101/1105358_2.html。

80.《沈南鹏：初创公司的"一把手"要有独门武功》，中商情报网，2015年7月21日，http://www.askci.com/people/2015/07/21/163411jdzb.shtml。

81.《【投资人说】晨兴资本刘芹：创业第一天就要思考竞争壁垒》，腾讯网，2015年7月15日，http://js.qq.com/a/20150715/049720_all.htm。

82. 李静颖：《晨兴创投合伙人刘芹：找到认同你的伙伴》，第一财经，2014年6月6日，http://www.yicai.com/news/2014/06/3896915.html。

83.《晨兴资本刘芹：雷军与周鸿祎"教"我的创业经验》，福布斯中文网，2014年6月5日，http://www.forbeschina.com/review/201406/0033421.shtml。

84. 余一：《晨兴刘芹：创业者要有杀手气质》，腾讯网，2015年6月14日，http://tech.qq.com/a/20150614/011838.htm。

85. 上证：《邓锋：从创业英雄到VC高手的华丽转身》，经理日报，2009-1-16，http://cjb.newssc.org/html/2009-01/16/content_403893.htm。

86.《北极光邓锋：风投界里幸运的中国人》，网易，2012年6月29日，http://tech.163.com/12/0629/16/8569MIH600094MLU.html。

87.《北极光创始人邓锋：创业要找比你强的人》，前瞻网，2014年7月25日，http://www.qianzhan.com/investment/detail/317/140725-0a11b440.html。

88. 方雅：《"投资界黄药师"汪潮涌的江湖》，凤凰网，2015年6月16日，http://finance.ifeng.com/a/20150616/13780731_0.shtml。

89.《华中科大毕业生最后一课：汪潮涌讲如何拥抱创新创业新时代》，MBA中

国网，2015年6月18日，http://www.mbachina.com/html/sxyxw/201506/86264.html。

90. 方迎定：《"航海家"汪潮涌》，和讯网，2014年7月14日，http://news.hexun.com/2014-07-14/166603914.html。

91. 《汪潮涌：我们喜欢投资什么样的企业》，中金在线，2014年12月11日，http://news.cnfol.com/huiyihuodong/20141211/19675684.shtml。

92. 崔西：《IDG熊晓鸽的三个梦想》，新浪科技，2014年8月25日，http://tech.sina.com.cn/i/2014-08-25/00269571256.shtml。

93. Anna Kiplinna：《熊晓鸽：敢为人先，做个执著的圆梦人》，创业邦，2014年6月12日，http://www.cyzone.cn/a/20140612/259023.html。

94. 《熊晓鸽：这个时代的创业者是幸运的》，新浪科技，2015年5月21日，http://tech.sina.com.cn/it/2015-05-21/doc-icpkqeaz4940216.shtml。

95. 于婷婷：《投资人阎焱：90后爱喊口号全民创业是民族悲哀》，新浪科技，2015年1月15日，http://tech.sina.com.cn/i/2015-01-15/doc-iccmzvun5006706.shtml。

96. 《"总裁在线"第二十七期：对话赛富亚洲投资基金首席合伙人阎焱》，凤凰财经，http://finance.ifeng.com/news/special/zczxyy/。

97. 娄月：《投资人阎焱：成为创业者容易成为企业家是小概率事件》，凤凰科技，2015年3月20日，http://tech.ifeng.com/a/20150320/41018285_0.shtml。

98. 蔡胤：《赛富亚洲阎焱：创业早期不要过分强调团队》，第一财经，2015年6月22日，http://www.yicai.com/news/2015/06/4635832.html。

99. 《阎焱：钱多人傻，创业变成了一种集体行动》，搜狐财经，2015年7月13日，http://business.sohu.com/20150713/n416689580.shtml。

100. 张勇：《高瓴资本张磊：真正的护城河是疯狂地创造长期价值》，搜狐，2015年7月21日，http://mt.sohu.com/20150721/n417215651.shtml。

101. 《张磊对话包凡：围绕投资、并购、创业，高瓴资本有何建议》，虎嗅网，2015年4月10日，http://www.huxiu.com/article/112410/1.html。

102.《【人物】高瓴资本张磊：从人大到耶鲁，一个超长期的价值投资者》，推酷，2014年8月1日，http://www.tuicool.com/articles/aIbeuu。

103. 翁申霞：《赛伯乐朱敏：从不起眼处淘金不断投资优秀的人》，投资界，2011年6月16日，http://people.pedaily.cn/201106/20110616213317_all.shtml#p1。

104.《朱敏：天使会看走眼，但是坚持自己是你！》，腾讯新闻，2011年11月23日，http://news.qq.com/a/20111123/000683.htm。

105. 刘聪：《赛伯乐朱敏：创业需有伟大的梦想早期投资人是教练》，投资界，2011年7月13日，http://people.pedaily.cn/201107/20110713215517.shtml。

106.《产品之上的世界观》，腾讯科技，http://tech.qq.com/zt2012/tmtdecode/252.htm。

107.《产品的思路——来自腾讯张小龙的分享（全版）》，虎嗅，2012年7月27日，http://www.huxiu.com/article/2142/1.html。

108.《腾讯张小龙：把产品做简单，自己先变傻瓜》，思路商道，2014年8月10日，http://www.siilu.com/20140810/106971.shtml。

109.《陌陌IPO前夕，重新审视"唐岩的理想国"》，36氪，2014年11月9日，http://36kr.com/p/210072.html。

110.《关于唐岩的传说，哪些是真，哪些是假》，南都周刊，2014年9月3日，http://www.nbweekly.com/news/china/201409/37329.aspx。

111.《马化腾和他的5人创业团队合伙创业的故事》，创业第一步，2015年1月9日，http://www.cyone.com.cn/Article/Article_34288.html。

112. 吴晓波：《腾讯往事：60万没卖掉OICQ，马化腾首次接触风投》，投资界，2014年10月4日，http://news.pedaily.cn/201410/20141004371821.shtml。

113.《马化腾给创业者的一封信》，腾讯科技，2013年7月2日，http://tech.qq.com/a/20130702/017918.htm。

114.《马化腾：如果我现在要创业，不指望再做出一家腾讯这样规模的公司，如果我们当初这样想早就死了》，IT时代网，http://news.ittime.com.cn/news/news_2433.shtml。

115.《马化腾：用户体验的10/100/1000法则》，太平洋游戏网，2014年2月12日，http://news.pcgames.com.cn/354/3540622.html。

116. Cherry：《马化腾：用户是腾讯的核心价值》，eNet硅谷动力，2011年12月12日，http://www.enet.com.cn/article/2011/1212/A20111212947117.shtml。

117.《马化腾创业史：腾讯创业初期曾差点被60万收购》，中山大学数学与计算机学院电子商务中心，http://www.s6k8.com/jyzx/jyzx_499.html。

118. 魏喆：《智联招聘上市一周年，专访CEO郭盛：做潮起潮落中的那块礁石》，搜狐财经，2015年6月18日，http://business.sohu.com/20150618/n415258055.shtml。

119. 董哲：《智联招聘CEO郭盛：智联的大局面刚刚开始》，前瞻网，2014年6月13日，http://www.qianzhan.com/people/detail/269/140613-464d0df2_2.html。

120.《智联卓聘郭盛：谁是老大不重要用户才是上帝》，光明网，2014年8月28日，http://it.gmw.cn/2014-08/28/content_12866801.htm。

121.《智联招聘CEO郭盛创业故事》，应届毕业生网，2015-04-20，http://chuangye.yjbys.com/gushi/anli/549323.html。

122. 罗澹：《戴科彬对掐郭盛：不以服务用户为目的招聘网站都当不了老大》，投资界，2014年8月27日，http://news.pedaily.cn/201408/20140827370443.shtml。

123. 赵陈婷：《智联招聘郭盛："二次创业"推卓聘》，一财网，2014年9月10日，http://www.yicai.com/news/2014/09/4017293.html。

124.《冯鑫：互联网创业九死一生，"熬得住"才有红利》，创业派，2015年7月31日，http://www.cyepai.com/people/2015-07-31/14594.shtml。

125.《暴风影音冯鑫：创业要遵循四原则"选三流做老大"》，中国经济网，2014年6月9日，http://finance.ce.cn/rolling/201406/09/t20140609_2939893.shtml。

126.《暴风影音CEO冯鑫：以用户为中心才能解决融合的问题》，央视网，2014年12月16日，http://news.cntv.cn/2014/12/16/ARTI1418698223386553.shtml。

127.《冯鑫的方法论：反者道之动》，百度百家，http://xiepeng.baijia.baidu.com/article/122693。

128. 袁璐：《冯鑫：制造暴风"妖股"的男人》，中国新闻周刊，2015年6月1日，http://viewpoint.inewsweek.cn/detail-1776-1.html。

129. 百度百科：《参与感》词条，http://baike.baidu.com/link?url=vhfv3tp0Cua7mXIAANz8-2kmaLeBCVHx4jqU2OeokTNV0jj8clhIlE34zz8FoymBlKOeJr8GMxa1wdtO3V3-z_。

130. 《黎万强：小米口碑核心是"参与感三三法则"》，新浪专栏，2014年8月12日，http://tech.sina.com.cn/zl/post/detail/i/2014-08-12/pid_8458888.htm。

131. 《参与感：小米新营销的灵魂》，百度文库，http://wenku.baidu.com/link?url=0mkineUbyj7xsPC1jrfz_xVkG7nGUY5WRxrygBlSew28i7OVOJHAfAFTSo2H1K01qNVRKvUMIgEOBm0VfqnehrD0g28ERagXPyyfZNG3HVO。

132. 《小米：不花一分钱打开市场一开始只专注忠诚度》，凤凰科技，2014年8月21日，http://tech.ifeng.com/bat3m/detail_2014_08/21/38426222_0.shtml。

133. 《小米口碑营销十大秘诀》，新浪专栏，2014年8月27日，http://finance.sina.com.cn/zl/management/20140827/084320133497.shtml。

134. 《滴滴柳青：加入滴滴后压力大一天烧3000万美金》，网易财经，2015年5月21日，http://money.163.com/15/0521/07/AQ4GLQB000253G87.html。

135. 《柳青揭秘滴滴快的合并：我想要怎样的新公司》，搜狐新闻，2015年2月14日，http://news.sohu.com/20150214/n409020030.shtml。

136. 《刘强东的旁白：其实，我只是想找个女朋友……》，投资界，2015年1月3日，http://news.pedaily.cn/201501/20150123377447.shtml。

137. 《刘强东谈京东人事管理：我管75000人就靠"ABC、8120、2N"三大原则和员工能力价值观体系这4张表格》，IT网时代，2015年4月3日，http://news.ittime.com.cn/news/news_4163.shtml。

138. 《梁建章：马云和刘强东别争了携程过几年把你们全灭了》，搜狐，2015年1月20日，http://business.sohu.com/20150120/n407939594.shtml。

139. 尹洁：《携程网创始人梁建章：斯文的"狠角色"》，网易，2014年8月15日，http://money.163.com/14/0815/12/A3MJNFQ6002552IJ.html。

140. 曾宪皓：《梁建章：拆散携程再选出一批狼来》，凤凰旅游，2015年2月7日，http://travel.ifeng.com/zhly/detail_2015_02/07/40467937_0.shtml。

141. 胡柯：《梁建章：把携程变小》，中金在线，2014年10月24日，http://news.cnfol.com/jingyingguanli/20141024/19280737.shtml。

142. zhupengzhi：《梁建章：我要把整个公司变成很多小的创业公司》，国际连锁企业管理协会，2014年1月2日，http://www.imcema.org/article-24443-1.html。

143. 《携程创始人梁建章：创业、淡出、回归》，凤凰网，2013年8月8日，http://tech.ifeng.com/internet/detail_2013_08/08/28390858_1.shtml。

144. 《爱奇艺龚宇视频格局重塑操盘手》，IT之家，2014年1月3日，http://www.ithome.com/html/it/68430.htm。

145. 《爱奇艺CEO龚宇：工作的同时，我们需要"乐活"》，人民网，2012年3月19日，http://media.people.com.cn/GB/40606/17427165.html。

146. 《龚宇：做人其实很简单》，新浪博客，2008年5月30日，http://blog.sina.com.cn/s/blog_52f3c22101009mkc.html。

147. 李松伟：《龚宇再创业：高起点缩短创业成功过程》，腾讯科技，2010年8月3日，http://tech.qq.com/a/20100803/000026_1.htm。

148. 崔江、艾晓禹：《58同城总裁兼CEO姚劲波：创业要以10年为单位来坚持》，人民网，2015年5月11日，http://it.people.com.cn/n/2015/0511/c1009-26981168.html。

149. 《姚劲波：未来创业机会多坚持是很好的武器》，凤凰财经，2014年5月15日，http://finance.ifeng.com/a/20140515/12342578_1.shtml。

150. 《姚劲波：互联网创业，专注是第一位！》，搜狐媒体平台，2015年8月1日，http://mt.sohu.com/20150801/n417982174.shtml。

151. 赵楠：《互联网连环创业者姚劲波》，新浪科技，2013年12月20日，http://tech.sina.com.cn/i/2013-12-20/01349023208.shtml。

152. 纪云：《姚劲波：创业者必须面对的那些关键时刻》，钛媒体，2014年2月21日，http://www.tmtpost.com/499332.html。

153.《吴云前：做生意不怕赔就怕放弃》，新浪财经，2008年10月8日，http://finance.sina.com.cn/roll/20081008/23272452430.shtml。

154.《真格基金王强：个人走红不代表创业成功》，中国日报，2015年5月5日，http://www.chinadaily.com.cn/hqgj/jryw/2015-05-05/content_13650349.html。

155.《真格基金联合创始人王强：投资只有投人的理念》，前瞻网，2014年6月5日，http://www.qianzhan.com/people/detail/271/140605-6d7935d0.html。

156. Joy：《王强：真格基金投的四类典型创业者》，创业邦，2014年5月13日，http://kuailiyu.cyzone.cn/article/9820.html。

157. Yirong：《真格基金联合创始人王强：成功创业者都有自己的信用体系》，创业邦，2014年5月30日，http://www.cyzone.cn/a/20140530/258418.html?show_all=1#1。

158. 陈凤莉：《王俊峰：进取无止境》，中国青年报，2012年11月13日，http://zqb.cyol.com/html/2012-11/13/nw.D110000zgqnb_20121113_8-01.htm。

159. 梁昌杰：《王俊峰：为中国律师赢得国际尊重》，人民日报，2009年9月11日，http://paper.people.com.cn/rmrb/html/2009-09/11/content_340063.htm。

160.《王俊峰：从律师掌门人到国际法律人》，论文网，2012年2月25日，http://www.xzbu.com/1/view-219324.htm。

161.《李日学：我的成功字典里只有"坚持"二字》，寺库新闻，2013年12月11日，http://www.secoo.com/secooClub/15.shtml。

162. 汤浔芳，纪佳鹏：《李日学：有坚持才有突破》，凤凰财经，2014年7月2日，http://finance.ifeng.com/a/20140702/12638523_0.shtml。

163.《【创业天下】寺库CEO李日学：千万别把企业当孩子养》，好酷，2014年8月26日，http://www.haokoo.com/elect/1447126.html。

164.《【未来之星】李日学：创业，就是做你心里的赛道》，中国企业家网，2015年6月26日，http://www.iceo.com.cn/com2013/2015/0626/299510.shtml。

165.《傅盛：怎样做一个创业公司CEO》，搜狐科技，2015年7月20日，http://it.sohu.com/20150720/n417116670.shtml。

166.《傅盛：一家公司CEO该如何做战略》，搜狐媒体平台，2015年8月14日，http://mt.sohu.com/20150814/n418849432.shtml。

167. 汪再兴，钱杨，李梦阳，陈文希：《陈欧：不断越位的人生》，博客天下，2014年7月18日，http://www.blogweekly.com.cn/2014/cover_0718/259.html。

168. 汤维维：《陈欧：我是怎么从一个个坑里爬出来的？》，凤凰网，2014年7月6日，http://tech.ifeng.com/internet/detail_2014_07/06/37190606_0.shtml。

169.《聚美优品陈欧：创业是最美好的生活方式》，腾讯教育，2012年7月10日，http://edu.qq.com/a/20120710/000156.htm。

170. yangjie：《陈欧上市之前迈过的那些坑》，创业邦，2014年5月16日，http://www.cyzone.cn/a/20140516/257760.html。

171.《陈欧：创业是靠熬出来的》，网易，2013年6月7日，http://news.163.com/13/0607/07/90OI4Q3M00014AED.html。

172.《陈欧自陈40亿美金背后：保持屌丝，保持质疑》，虎嗅，2014年6月3日，http://www.huxiu.com/article/34928/1.html。

173.《姬十三：我和果壳，其实是一个还看得过去的网恋故事》，文艺生活周刊，2013年6月23日，http://zhoukan.cc/2013/06/23/ji-i-and-the-shell-is-actually-a-look-past-cyber-love-story/。

174. 林楚方，李强：《果壳网创始人、CEO姬十三说：科学家们应该被产品经理改造》，壹读，http://www.yidu.im/p/944。

175.. 李萍：《姬十三：不是每个人都适合创业》，深圳特区报，2011年12月2日，http://sztqb.sznews.com/html/2011-12/02/content_1849206.htm。

176. 陈洋：《首席对话—果壳姬十三：耐心之美》，搜狐网，2015年1月4日，http://business.sohu.com/20150104/n407502684.shtml。

177. 周小璐：《袁岳：互联网将不断给创业者机会应鼓励青年"冒险"》，网易新闻，2015年8月19日，http://news.163.com/15/0819/17/B1DA3PKJ00014AED.html。

178.《怕失败啥也得不到》，袁岳新浪博客，2012年10月14日，http://blog.

218

sina.com.cn/s/blog_489548eb0102e727.html。

179.《美团网创始人王兴：创业十年》，网易科技，2014年2月17日，http://tech.163.com/14/0217/10/9L9GMFSD000915BF.html。

180.《美团网创始人王兴专访：我现在的事业十分和谐》，程序员，http://www.programmer.com.cn/3453/。

181.《美团创始人王兴：创业需要好奇和自我推动能力》，网易财经，2010年10月，http://money.163.com/special/wangxing/。

182. 李志刚：《美团创始人王兴：只玩情怀是误入歧途》，凤凰科技，2014年9月15日，http://tech.ifeng.com/a/20140915/40806418_0.shtml。

183. 陛下域名：《美团创始人王兴创业史：摔倒也是前进的方式》，搜狐媒体平台，2015年2月16日，http://mt.sohu.com/20150216/n409067733.shtml。

184. 查建英：《赤脚资本家孙立哲》，《经济观察报》，2013年11月3日，http://chuansong.me/n/413020。

185. 彭科峰：《孙立哲：从赤脚医生到出版人》，和讯科技，2012年9月10日，http://tech.hexun.com/2012-09-10/145661725.html。

186.《孙立哲》，新浪博客，2011年11月20日，http://blog.sina.com.cn/s/blog_90229db6010101c5.html。

187. 杨锐，柏晓利：《孙立哲生命烈焰，在压力中爆发》，人民网，2011年11月15日，http://www.people.com.cn/GB/paper503/4722/517926.html。

188.《慈铭体检创始人韩小红：身患癌症创业体检救我一命》，投资中国，2013年12月10日，http://company.chinaventure.com.cn/14/143/1386642000.shtml。

189. 胡冰：《海归创业新锐之慈铭体检韩小红》，雪球，2012年8月6日，http://xueqiu.com/3533335030/22082864。

190.《慈铭韩小红：管理无定势的从容派》，中国经济新闻网，2014年1月9日，http://www.cet.com.cn/sypd/yw/1082592.shtml。

191. 林默：《柴可：打黑斗士"大姨夫"最懂女人的数据男》，2014年9月24日，http://tech.sina.com.cn/i/2014-09-24/16559641068.shtml。

192. 金错刀:《金错刀对话：柴可反思大姨吗踩过3个凶险深坑》，创业邦，2015年2月9日，http://www.cyzone.cn/a/20150209/269712.html。

193.《"大姨吗"之父柴可》，和讯网，2013年1月31日，http://tech.hexun.com/2013-01-31/150789984.html。

194.《[创业记实录]对话大姨吗柴可：未盈利为何估值过十亿》，凤凰科技，2015年3月16日，http://tech.ifeng.com/a/20150316/41012265_0.shtml。

后 记

中国与全球化智库（CCG）创新创业研究课题组在研究总结创业成功者的经验时，发现创业成功具备一定的共性：卓越团队、优秀产品、处在风口、顺应大势等。然而，创业又有其非理性的、艺术性的层面——有些创业者是天生的，创业是本能，驱动着他们走出甚至撞出一条路来。

那么，创业究竟能不能学习？创业能否被教授？在2015年中国与全球化智库在京举办的中国创业教育研讨会上，美国前国务卿、斯坦福大学原教务长、斯坦福大学教授康多莉扎·赖斯（Condoleezza Rice）给出的答案是肯定的。

事实上，除了从无到有地创业，我们更需要一种创新创业精神，需要每一个人拿出创业家的态度，在看似平凡的岗位上创造成果，为社会做出贡献，这同样具有非凡的意义。

本书能得以出版，需要感谢多方的支持。首先感谢CCG的理事及各位专家的大力帮助；还要感谢创业家们在百忙之中接受我们研究团队的采访，对自身创业经验倾囊相授；感谢CCG创业研究课题组的同仁——焦春华、任月园、

崔波涛、肖福军在编写工作中付出的努力。本书还参考借鉴了一些相关资料，在此一并表示感谢。

由于编者水平有限，恳请广大读者批评指正。

王辉耀　苗　绿

2015 年 11 月

本书在编写过程中参考使用了网上的相关资料和照片，请相关著作权人与我们联系，我们将按国家相关法律规定支付稿酬。

联系电话：010-65611038-8012

图书在版编目 (CIP) 数据

世界这么大，我们创业吧：50 位知名创业家谈创业 ／ 苗绿，王辉耀主编．
—北京：中央编译出版社，2016.1
ISBN 978-7-5117-2894-4

I. ①世… II. ①苗… ②王… III. ①企业管理－经验－中国 IV. ①F279.23

中国版本图书馆 CIP 数据核字 (2015) 第 309200 号

世界这么大，我们创业吧：50 位知名创业家谈创业

出 版 人：刘明清
出版统筹：董　巍
责任编辑：曲建文
责任印制：尹　珺
出版发行：中央编译出版社
地　　址：北京西城区车公庄大街乙 5 号鸿儒大厦 B 座 (100044)
电　　话：(010) 52612345（总编室）　　(010) 52612370（编辑室）
　　　　　(010) 52612316（发行部）　　(010) 52612317（网络销售）
　　　　　(010) 52612346（馆配部）　　(010) 66509618（读者服务部）
传　　真：(010) 66515838
经　　销：全国新华书店
印　　刷：北京中兴印刷有限公司
开　　本：710 毫米 ×1000 毫米　1/16
字　　数：200 千字
印　　张：15
版　　次：2016 年 1 月第 1 版第 1 次印刷
定　　价：46.00 元

网　　址：www.cctphome.com　　邮　　箱：cctp@cctphome.com
新浪微博：@ 中央编译出版社　　微　　信：中央编译出版社（ID：cctphome）
淘宝店铺：中央编译出版社直销店（http://shop108367160.taobao.com）(010)52612349
本社常年法律顾问：北京嘉润律师事务所律师　李敬伟　问小牛
凡有印装质量问题，本社负责调换，电话：010-55626985